AF341870

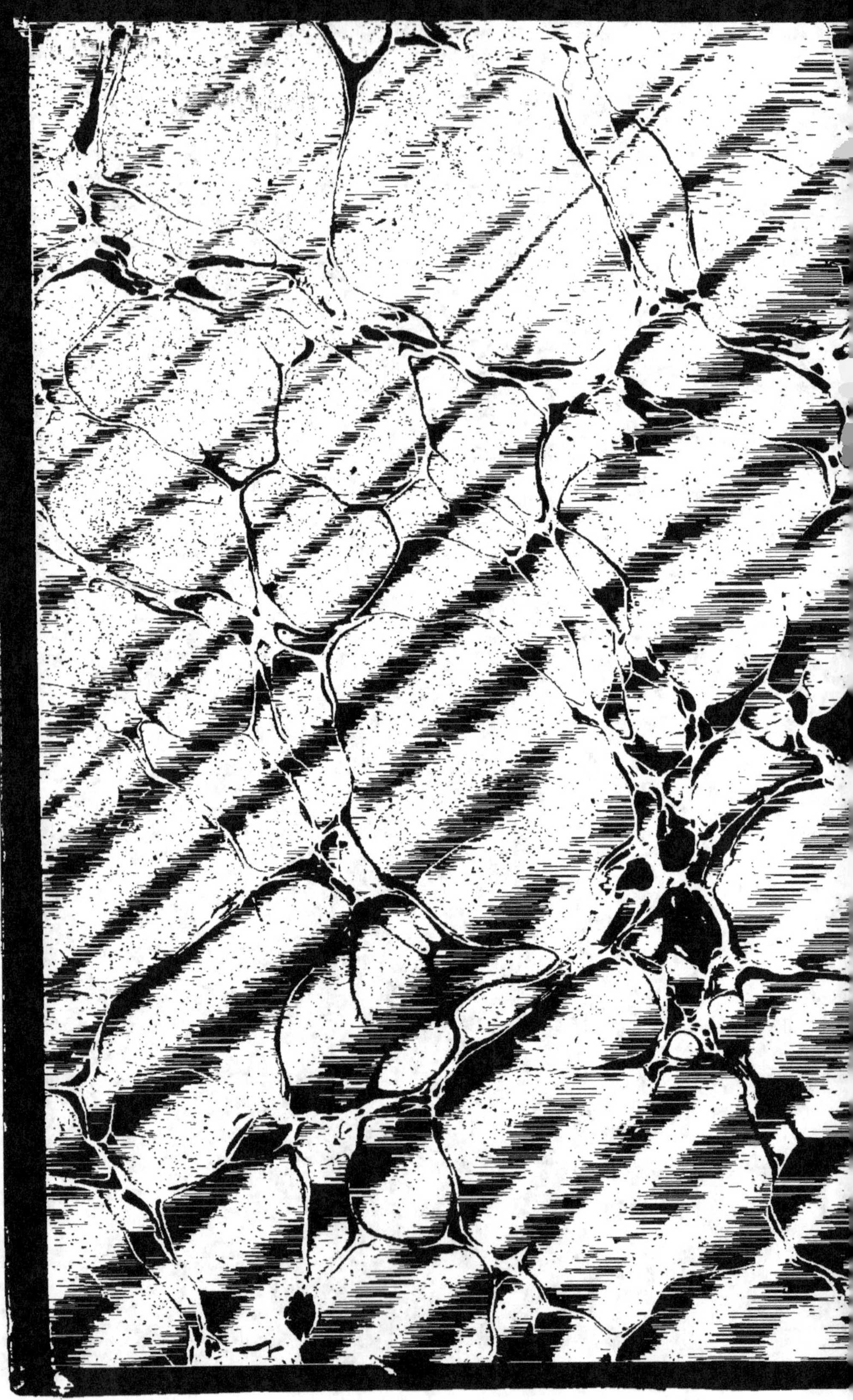

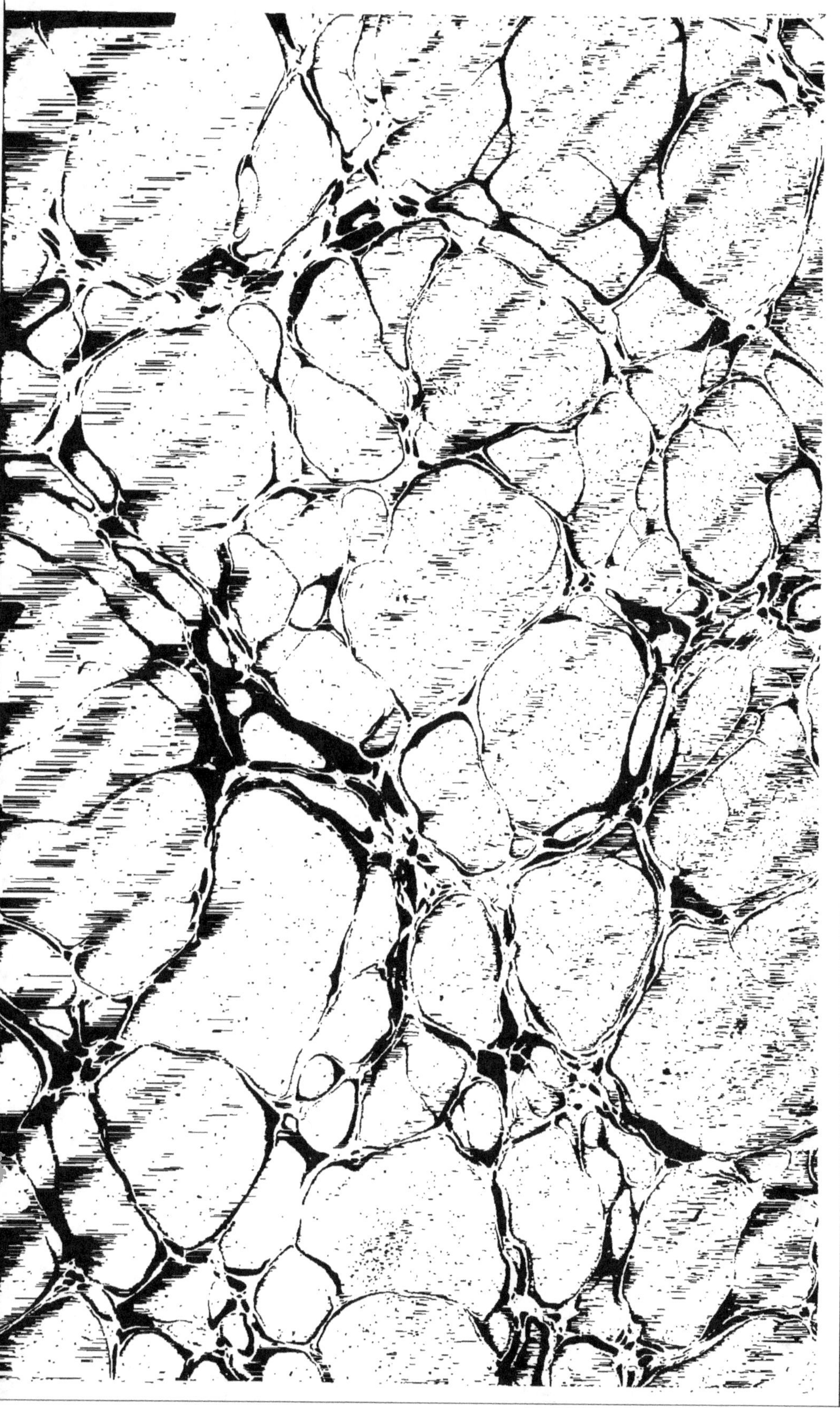

LE CHATEAU

DE

LA MALMAISON

PARIS. TYPOGRAPHIE DE HENRI PLON, IMPRIMEUR DE L'EMPEREUR
RUE GARANCIÈRE, 8.

LE CHÂTEAU

DE

LA MALMAISON

HISTOIRE — DESCRIPTION

CATALOGUE DES OBJETS EXPOSÉS

D'APRÈS LES ARRÊTÉS

DE SA MAJESTÉ L'IMPÉRATRICE

PAR

M. DE LESCURE

SECRÉTAIRE DE LA COMMISSION D'ORGANISATION

PARIS

HENRI PLON, IMPRIMEUR-ÉDITEUR

RUE GARANCIÈRE, 10

LE CHATEAU

DE

LA MALMAISON

HISTOIRE — DESCRIPTION

CATALOGUE DES OBJETS EXPOSÉS

SOUS LES AUSPICES

DE SA MAJESTÉ L'IMPÉRATRICE

PAR

M. DE LESCURE

SECRÉTAIRE DE LA COMMISSION D'ORGANISATION

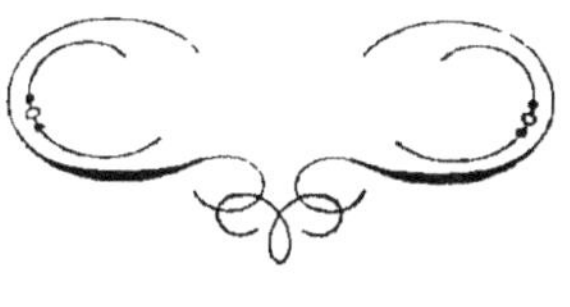

PARIS

HENRI PLON, IMPRIMEUR-ÉDITEUR

RUE GARANCIÈRE, 10

Tous droits réservés.

PRÉFACE.

Le *Moniteur* du vendredi 22 février 1867 contenait la *Note* suivante, reproduite avec empressement par la presse de Paris et des départements :

« Les nombreux étrangers qu'attirera l'Exposition universelle ne voudront pas quitter Paris sans avoir visité nos palais impériaux. Pour donner plus d'intérêt encore à cette visite, S. M. l'Impératrice a eu l'heureuse pensée de réunir au château de la Malmaison et au petit Trianon les meubles, tableaux et objets divers se rattachant par un lien authentique au souvenir des hôtes illustres de ces deux demeures historiques.

» Une Commission spéciale, dont M. le général comte Lepic, aide de camp de l'Empereur, surintendant des palais impériaux, est le président, et dont M. de Lescure, attaché au cabinet du ministre d'État et des finances, est le secrétaire, a été chargée de rechercher et de réunir tous les meubles et objets répondant au but que se propose Sa Majesté.

Déjà l'Empereur et l'Impératrice ont mis à la disposition de la commission tout ce qui, dans leur collection privée ou dans les magasins du Garde-meuble, pourrait convenir au cadre qu'elle doit remplir. La Commission fait appel aux amateurs et collectionneurs qui voudraient concourir au succès de cette exposition rétrospective, déjà assurée des libérales communications des principaux cabinets de Paris. L'administration du mobilier de la Couronne est chargée, sous la direction de la Commission, de tout ce qui concerne le transport, le placement et la conservation des objets exposés, offrant ainsi toutes les garanties désirables. »

L'œuvre, dont S. M. l'Impératrice a eu l'initiative et a gardé l'inspiration et la protection, est aujourd'hui achevée. Il ne nous appartient pas de la louer, d'autant plus qu'une pareille entreprise est de celles dont le succès se fait tout seul, et qui se louent elles-mêmes quand elles sont dignes d'éloge. Ce que nous pouvons dire, c'est que rien n'a été négligé pour réaliser la pensée venue du cœur de la Souveraine à son esprit, de façon à mériter son auguste approbation et celle du public, qui recevra avec reconnaissance ce nouveau témoignage d'une sollicitude à laquelle rien de ce qui le touche n'est étranger.

La restauration de la Malmaison et du petit Trianon sur le plan et avec la physionomie de l'habitation, programme fixé à la Commission, a été accomplie par elle avec une conscience et avec un zèle auxquels on rendra justice, surtout si l'on considère les difficultés de toute espèce inhérentes à un pareil travail, le court délai qui a pu lui être accordé et la modestie des moyens dont elle disposait. Il suffira, du reste, de nommer les collaborateurs de son président et de son secrétaire pour permettre d'apprécier la part de lumières, d'expérience et de goût qu'ils ont apportée au résultat commun. La Commission a reçu d'une façon permanente et toujours utile le concours de tous ses membres, dont le nom dispense de tout commentaire. Ce sont :

MM.

LE MARQUIS DE LA BORDE, directeur général des Archives de l'Empire;

WILLIAMSON, administrateur du mobilier de la Couronne;

FEUILLET DE CONCHES;

LÉOPOLD DOUBLE;

HENRI DIDIER, député;

DE SAINT-ALBIN (Philippe), bibliothécaire de S. M. l'Impératrice;

D'Yvon, inspecteur du mobilier de la Couronne ;

Eud. Soulié, conservateur du musée de Versailles ;

Questel, architecte du palais de Versailles ;

Paul Dalloz, directeur-gérant du *Moniteur universel*.

Grâce à une telle coopération, au but qui en méritait les efforts, à la haute bienveillance qui les encourageait, il a été obtenu des résultats que nous présentons avec confiance à ces nombreux étrangers dont la France devient de plus en plus la seconde patrie, et aux Français venus de toutes parts saluer la capitale rayonnante du triomphe de la paix et de la civilisation. Nous croyons qu'ils trouveront plaisir et profit à cette promenade à travers les souvenirs et les leçons d'un passé si proche de nous, promenade dont l'intérêt historique à Trianon s'anime à la Malmaison de patriotiques émotions. Au sortir de ces demeures, illustrées par la fin d'une dynastie et le commencement d'une autre, on peut se reposer dans l'enchantement de jardins justement célèbres sous l'ombrage rafraîchissant de ces arbres séculaires qui ont vu passer la grâce d'une Marie-Antoinette ou la grandeur d'un Napoléon.

Nous souhaitons, pour tout dédommagement de bien des efforts obscurs, que ce *Guide* ne paraisse pas inutile, et que son auteur ne demeure pas indifférent à ceux qui nous feront l'honneur de s'en servir. Et pour ne pas donner à nos lecteurs le mauvais exemple de l'oubli et de l'ingratitude, nous finissons en payant à nos principaux auxiliaires dans la composition de ce volume (car tout le monde aide ceux qui travaillent pour tout le monde) la dette de notre reconnaissance, et en remerciant publiquement M. Barbier, conservateur de la bibliothèque du Louvre, et nos savants et obligeants confrères MM. Édouard Fournier, Henri Michelant, Eugène Asse, du secours de leurs recherches et de la communication de leurs découvertes.

La Commission ne me pardonnerait pas non plus, si j'en étais capable, d'oublier de remercier en son nom son digne président, M. le général comte Lepic, de sa courtoisie, de son zèle, de son habile et heureux dévouement à une œuvre dont le succès fera justement honneur à la surintendance des palais impériaux et à l'administration du mobilier de la Couronne, et de mêler à cet hommage l'expression collective de sa reconnaissance pour tous ceux, depuis les plus hauts jusqu'aux plus

humbles, dont le précieux et libéral concours
aura tant fait pour ce succès, si le public,
comme nous osons l'espérer, nous en accorde
la récompense.

M. DE LESCURE.

HISTOIRE

DE

LA MALMAISON.

Avant l'arrivée des hôtes illustres dont le séjour a consacré, par la triple popularité du génie, de la gloire et du malheur, une demeure jusque-là écrasée par le voisinage absorbant de la résidence de Richelieu, la Malmaison n'a guère d'histoire. La légende l'a remplacée, pour cette période obscure où l'imagination populaire trouvait, dans l'absence même de tout renseignement précis, ce champ sans limites et sans obstacles qu'elle aime à peupler de ses créations. C'est ainsi qu'elle a dramatisé, en faisant de ce mystérieux logis le théâtre d'événements et d'aventures qui en justifiaient la flétrissure, ce nom de funeste augure (*mala mansio, mauvaise demeure, mauvais gîte*), dont la malédiction n'est peut-être qu'un souvenir de l'invasion normande. Ce nom significatif se retrouve, en effet, sur plusieurs points des rives de la Seine ravagés par ces incursions barbares, dont un vocable de réprobation et de vengeance rappelle le grief et perpétue la trace.

C'est une tradition d'un autre genre qu'a exploitée l'auteur anonyme du récit tragique suivant, mis en circulation par un écrivain aimable et spirituel, mais peu scrupuleux sur les preuves et les témoignages, et dont plus d'une histoire ressemble à un conte. Quoi qu'il en soit, voici l'anecdote recueillie par l'auteur des *Fêtes et souvenirs du congrès de Vienne,* auquel nous en laissons toute la responsabilité.

Cette responsabilité, le comte de La Garde [1] essaye en vain de la faire partager au prince Eugène, qui savait trop bien son histoire pour pouvoir ignorer que le cardinal de Richelieu n'a jamais habité la Malmaison, première et significative hérésie du récit placé dans sa bouche.

Nous nous bornerons à le résumer dans sa prolixité stérile. Réduit à ses plus simples propor-

[1] *Fêtes et souvenirs du congrès de Vienne.* Paris, Appert, 1843. T. II, p. 423.

tions, il met en scène, dans une auberge voisine du parc de la Malmaison, « par une journée sombre et pluvieuse du mois de novembre 163... », deux voyageurs qui s'y sont rencontrés et profitent en commun de la précaire hospitalité de ce lieu mal famé et trop voisin, pour être fréquenté, de la résidence de celui qui gouverne quelque peu tyranniquement la France. De leurs confidences mutuelles, il résulte, à leur réciproque étonnement, que l'un est un jeune bourgeois de La Rochelle, élégant et frondeur, mandé en cour pour s'expliquer sur certain pamphlet dont on lui attribue la paternité qu'il dénie énergiquement, et que l'autre est le sinistre serviteur du juge chargé d'entendre ces explications, le compagnon ordinaire de Laubardemont, son compère le bourreau de Chartres, souvent mandé, lui aussi, pour exécuter mystérieusement, dans l'ombre de la tourelle du centre, d'implacables sentences. Cette rencontre et la coïncidence fâcheuse de leur arrivée simultanée au château troublent naturellement la naïve confiance de l'inculpé dans l'effet, qu'il croyait d'abord irrésistible, de son innocence. De son côté, le bourreau qui répugne à exercer ses fonctions, au sortir de table, au détriment d'un convive qui l'intéresse, le confirme vivement dans sa méfiance, et l'accom-

pagne, avant de lui dire adieu, sur une petite émi-
nence cachée au milieu des bois du Butard, où il
lui révèle le secret d'une épreuve infaillible qui
doit décider de sa conduite. «Si c'est pour un autre
que j'ai été mandé, lui dit-il, dans une heure je
placerai une petite lumière sur le bord de la fenêtre en ogive qui touche aux créneaux. Si c'est pour
vous, la lumière ne se montrera pas. Alors fuyez
vers quelque asile inviolable, s'il en est pour
la vengeance d'un Richelieu. » Le jeune homme
attend une heure, anxieux, pâlissant, tremblant,
le signal indiqué. Il l'attend en vain, et comprend
qu'être accusé aux yeux d'un homme qui juge aussi
sommairement, c'est être coupable.

De là, dit le narrateur, le nom de *Bon-Secours,*
donné par la tradition à la salle de l'auberge théâtre de cette providentielle rencontre, et le nom de
la *Malmaison,* attribué à la résidence du grand
cardinal qui « fauchoit, fauchoit ses ennemis et
couvroit le tout de sa robe rouge» sur laquelle le
sang ne tachait pas. Le mélodramatique conteur
n'oublie qu'une chose, c'est que Richelieu n'habita jamais la Malmaison. Ce qui ne veut pas dire,
tant s'en faut, qu'à cela près son récit soit exact.

Pour en revenir au champ authentique, malheureusement des plus stériles en ce qui concerne le

passé de la Malmaison, voici la maigre gerbe que nous y avons glanée. Si humble qu'elle soit, c'est encore une moisson en comparaison des trois ou quatre maigres épis que nous a légués l'inutile investigation de nos devanciers. N'ayant pas de quoi se contredire, ils ont pris le parti modeste de se répéter. Dulaure, Delort, Girault de Saint-Fargeau, la Borde et les historiens plus récents de Rueil et de ses environs, unanimes échos de l'abbé Lebœuf, nous apprennent que le nom de la Malmaison est le stigmate commémoratif des ravages normands, et indique une origine qui se perd jusque dans la nuit du neuvième siècle; que dès 1244 on trouve la Malmaison classée parmi les fiefs de l'abbaye de Saint-Denis; enfin qu'en 1622 Christophe Perrot, conseiller au Parlement de Paris, en était seigneur et en portait le nom.

Le tribut de nos recherches et de nos découvertes personnelles consistera dans la filiation régulière de la propriété de la Malmaison pendant le cours du dix-huitième siècle.

La modeste résidence de campagne, si longtemps éclipsée par l'orgueilleux éclat de la demeure de Richelieu, semble n'être point sortie jusqu'à la Régence du domaine de la famille parlementaire issue de Christophe Perrot. Nous trouvons en effet, au nombre des députés du Parlement chargés d'inaugurer auprès du chancelier d'Aguesseau, dans des conférences qui n'aboutirent qu'à une explosion de résistances et à un coup d'autorité, les négociations orageuses de l'enregistrement des édits concernant le système, un conseiller porteur de ce nom de la Malmaison, qui, à défaut de preuve contraire, semble désigner un descendant du voisin de Richelieu [1]. Au milieu du dix-huitième siècle, la Malmaison avait changé de maîtres, appartenait à la famille de Barentin, et servit un moment de résidence de convalescence et de repos à M. de Séchelles, contrôleur général des finances, dont la santé s'était ruinée aux fatigues et aux soucis d'une place devenue peu à peu la plus lourde des charges.

Écoutez là-dessus le Dangeau du règne de Louis XV :

« M. de Séchelles alla hier au conseil à Versailles ; on le trouva en bonne santé, mais malheureusement il n'est pas moins vrai que le travail prend infiniment sur son corps et même sur son esprit, et qu'il a absolument besoin de repos ; il s'est donc déterminé à aller dans sa maison de Séchelles, qui est sur le chemin de Picardie, près de Cuviliers ; Cuviliers même en dépend. Il avait

[1] *Journal et Mémoires de Mathieu Marais, avocat au parlement de Paris, sur la régence et le règne de Louis XV,* publiés par nous. T. I, p. 322 (juillet 1720).

déjà été à la campagne même avant que de donner sa démission ; M. de Boulogne, receveur général et parent de l'intendant des finances, lui avait prêté une maison près de Rueil, qu'on appelle la Malmaison... »

Nous voilà, pour les noms comme pour les lieux, en plein pays de connaissance. Une description sommaire éclaircit la physionomie de la Malmaison en mai 1756, en même temps qu'elle l'anime du rayonnement de personnalités familières à tout homme versé dans la chronique du temps.

« Cette maison est ancienne et a un fort grand jardin avec des eaux naturelles, dont on a fait un usage agréable ; elle appartient à M. Barentin. M. Barentin, intendant d'Orléans, ou son père, ont vendu à vie cette maison 60,000 livres à M. et à Madame de la Jonchère ; on prétend qu'il l'avait offerte en fonds pour 80,000 livres, et que M. de la Jonchère ne voulut pas accepter le marché ; il fut stipulé, dans la condition du marché à vie, que M. de la Jonchère serait tenu d'y faire des réparations et embellissements pour 20,000 écus. La Malmaison est un fief, et vaut environ 2,400 livres. M. de la Jonchère y a fait pour 200 ou 250,000 livres de dépense ; après sa mort, sa veuve, qui n'aime point la campagne, a pris le parti de louer cette maison, je crois, pour 2,000 livres, à M. Boulogne, se réservant une partie du revenu. Il y a une chose à remarquer dans cette maison, c'est que, sur la cheminée d'une grande antichambre qui précède l'appartement de compagnie, il y a cette inscription

latine : *Octavus hæres partisbene olim que spero posteri.*
Anno M. D. CC. XXVI [1]... »

En 1760, la Malmaison appartenait à une famille
riche et charmante, et Marmontel, avant Delille, a
célébré en prose cette demeure hospitalière aux
gens de lettres, que le poëte des *Jardins* devait
chanter en vers. Nous citerons ici, comme un bijou,
la page de ses *Mémoires* où Marmontel a décerné
à madame Harenc, sa première protectrice (une
madame Geoffrin au petit pied dont il est souvent
question dans les *Lettres* de madame du Deffand),
et à sa société un hommage reconnaissant.

« Un directeur de la Compagnie des Indes, nommé
Gilly, intéressé dans un commerce maritime qui d'abord
l'avait enrichi, et qui depuis l'a ruiné, avait dans son
veuvage un fils et une fille dont sa belle-mère, madame
Harenc, avait bien voulu se charger. Il est impossible
d'imaginer dans la vieillesse d'une femme plus d'amabilité que n'en avait madame Harenc ; et à cette amabilité
se joignaient le plus grand sens, la plus rare prudence et
la plus solide vertu. Elle était, au premier aspect, d'une
laideur repoussante ; mais bientôt tous les charmes de
l'esprit et du caractère perçaient à travers cette laideur,
et la faisaient, non pas oublier, mais aimer. Madame
Harenc avait un fils unique, aussi laid qu'elle et aussi

[1] *Mémoires du duc de Luynes.* Dimanche 9 mai 1756.
T. XV, p. 47-48.

aimable. C'est ce M. de Presles, qui, je crois, vit encore, et qui s'est longtemps distingué par son goût et par ses lumières parmi les amateurs des arts. Leur société, composée avec choix, avait pour caractères l'intimité, la sûreté, une sérénité paisible et quelquefois riante, et la plus parfaite harmonie des sentiments, des goûts et des esprits.

« Quelques femmes, toujours les mêmes et tendrement unies, en faisaient l'ornement. C'était la belle Desfourniels, qui, pour la régularité, la délicatesse des traits et leur finesse inimitable, était le désespoir des plus habiles peintres, et à qui la nature semblait avoir exprès et à plaisir formé une âme assortie à un si beau corps ; c'était sa sœur, madame de Valdec, aussi aimable, quoique moins belle, mère alors bien heureuse de cet infortuné de Lessart, que nous avons vu égorger à Versailles avec les autres prisonniers d'Orléans ; c'était la jeune Desfourniels, depuis comtesse de Chabrillant, qui, sans avoir la beauté ni le naturel de sa mère, mêlait avec un peu d'aigreur tant d'agrément du côté de l'esprit, qu'on pardonnait sans peine à sa vivacité ce qu'il y avait quelquefois de trop piquant dans ses saillies.

» Une demoiselle Lacome, amie intime de madame Harenc, avait, parmi ces caractères, un ton de raison saine et douce qui se conciliait avec tous. M. de Presles, curieux de toutes les nouveautés littéraires, en faisait un recueil exquis, et nous en donnait la primeur. Ce M. de Lantage, dont je viens d'habiter le château dans cette vallée, et son frère aîné, homme d'esprit, passionné pour

Rabelais, portaient là le bon goût de l'ancienne gaieté. Je n'oublierai point, en parlant de cette société charmante, le bon M. de l'Osilière, l'homme le plus sincèrement philosophe que j'aie connu après M. de Vauvenargues, et qui, par le contraste de la sagesse de son esprit, avec la même candeur de son âme et de son langage, faisait penser à la Fontaine [1]... »

Marmontel, d'abord commensal de la maison, en qualité de précepteur du petit-fils de madame Harenc, à cette heure précaire de ses débuts où il vivait d'espérance et de prix de poésie, en demeura toujours le familier, même après que la mort prématurée de son élève eut relâché, sans le rompre, le lien qui l'attachait à ses parents. C'est auprès de lui, sous les yeux encourageants de toutes ces femmes aimables, que le pupille littéraire de Voltaire, le pensionnaire académique, acheva sa première tragédie, *Denys le Tyran,* dont le succès devait l'arracher à jamais à l'obscurité.

Nous rencontrons plus tard le poëte devenu célèbre, et toujours amoureux de la retraite domestique et des villégiatures inspiratrices, écrivant, hôte disputé de la Malmaison et des châteaux qui l'entourent, ses *Contes moraux* (pas si moraux !) sur les bords de ce ruisseau, Lignon de ses égril-

[1] *Mémoires de Marmontel,* édit. Barrière, p. 99.

lardes paysanneries, où Delille après lui devait aussi, pour parler son langage, retrouver une nouvelle source d'Hippocrène.

A Bezons, chez M. de Saint-Florentin, à Sainte-Assise, chez madame de Montulé, à Saint-Cloud, chez madame de Chalut, à Croix-Fontaine, chez le fermier général Bouret, à Maisons, à la Malmaison surtout, l'auteur d'*Annette et Lubin,* à la belle saison, était sans cesse en bonne fortune de campagne, de conversation et d'amitié. Et il n'est pas un de ces *Contes,* qui lui avaient valu une renommée plus frivole à la fois et plus solide que sa *Poétique* et ses tragédies, qui ne pût porter la date d'un de ces séjours propices à sa muse favorite, au milieu de ce délicieux contraste des plaisirs de la nature et de ceux de la société.

« Mon imagination tournée à ce genre de fiction était pour moi, à la campagne, une espèce d'enchanteresse qui, dès que j'étais seul, m'environnait de ses prestiges ; tantôt à la Malmaison, au bord de ce ruisseau qui par une pente rapide roule du haut de la colline, et sous des berceaux de verdure, va, par de longs détours, sillonner des gazons fleuris ; tantôt à Croix-Fontaine, sur ces bords que la Seine arrose, en décrivant un demi-cercle immense, comme pour le plaisir des yeux ; tantôt dans ces belles allées de Sainte-Assise, ou sur cette longue terrasse qui domine la Seine, et d'où l'œil en mesure au loin le lit majestueux et le tranquille cours.

» Dans ces campagnes on avait la bonté de paraître me désirer, de m'y recevoir avec joie, de ne pas plus compter que moi les heureux jours que j'y passais, de ne jamais me voir m'en aller sans me dire qu'on en avait quelque regret. Pour moi, j'aurais voulu pouvoir réunir toutes mes sociétés ensemble, ou me multiplier pour n'en quitter aucune. Elles ne se ressemblaient pas ; mais chacune d'elles avait pour moi ses délices et ses attraits.

» La Malmaison appartenait alors à M. Desfourniels ; c'était la société de madame Harenc ; et j'ai dit assez de quels étroits liens d'amitié, de reconnaissance, mon cœur y était enveloppé. La femme qui m'a le plus chéri après ma mère, c'était madame Harenc. Elle semblait avoir inspiré à tous ses amis le tendre intérêt qu'elle prenait à moi. Aimer et être aimé dans cette société intime était ma vie habituelle [1]... »

Quelques années après et aux approches de la Révolution, le théâtre de la Malmaison change d'acteurs comme tous les autres. Aux premiers bruits de la tourmente, il semble que l'ancienne société, usée par la frivolité et atteinte aux moelles, se plaise, au milieu de cette nature dont Rousseau a ranimé le culte, à jouir de son reste, et, malade toujours aimable, à prodiguer aux salons et aux

---

[1] Marmontel, *Mémoires*, p. 290.

champs ce qui lui demeure d'esprit et de sentiment. Cet intervalle de gaieté décente et de grâce attendrie qu'on appelle la fin du règne de Louis XVI et de Marie-Antoinette ; cet intermède bucolique, pastoral, élégiaque ; cette halte dans l'honnêteté, entre les hontes de Louis XV et les terreurs de la Révolution, où la simplicité renaissante des mœurs fait un si étonnant contraste avec le dévergondage croissant des idées ; ce renouveau tardif, dont la pensée évoque immédiatement l'image de Sceaux et de ce groupe aimable et vertueux, le duc de Penthièvre, la princesse de Lamballe, Florian, et celle des bergeries et des comédies de Trianon, sont inaugurés à la Malmaison par une famille de robe et de finance, originaire de Normandie, qui a joué un certain rôle sous la Révolution et sous l'Empire.

Famille où le talent des affaires se mêle au goût des arts, où la grâce et l'esprit semblent héréditaires chez les femmes, comme l'habileté et la probité y sont traditionnelles chez les hommes : cette famille, on est tenté de dire cette dynastie des Le Couteulx, a trois branches, florissantes en même temps dans des milieux divers. Les Le Couteulx de Canteleu sont de robe ou d'épée, magistrats, administrateurs politiques, à la fois libéraux et modérés, hardis et sages. Le chef de la branche, le futur

2

auxiliaire civil, avec Cambacérès et Rœderer, du coup d'État sauveur et régénérateur de Brumaire, le futur sénateur de l'Empire, n'échappera qu'à grand'peine aux orages de la Terreur qu'il a eu l'honneur de braver et le bonheur d'éviter. Mais ce n'est pas de lui que nous avons surtout à nous occuper à propos de la Malmaison. Celui-là ne paraît guère qu'en 89 sur la scène parisienne, où depuis longtemps figurent au premier rang des financiers habiles, heureux, lettrés, hospitaliers, les Le Couteulx de la Noraye et les Le Couteulx du Moley, dont des mariages consanguins ont encore resserré l'intimité fraternelle.

Pendant ce court âge d'or dont nous parlions tout à l'heure, entre l'âge de boue et l'âge de fer, trois des plus belles résidences des environs de Paris, Auteuil, Luciennes et la Malmaison apparte- naient aux Le Couteulx. Les Du Moley habitaient la Malmaison, les De la Noraye Luciennes, Luciennes cher au cœur d'André Chénier, le poëte de *Fanny*, comme la Malmaison à l'esprit de Delille, le ver- sificateur des *Jardins* : Luciennes, la Malmaison, dont les *Souvenirs* de madame Le Brun nous ra- content la société, comme ses portraits font revivre leurs hôtes. Ce que nous savons de ce salon de la Malmaison, et nous en savons assez pour regretter

le reste, donne bien l'idée de cette décadence
encore brillante de la politesse et du goût, de cette
société déjà tourmentée, déjà menacée, reprenant
pour les tranquilles horizons et les opulents abris
des champs cette affection inquiète qu'inspirent les
choses qu'on va quitter, de cette gravité fébrile
des hommes attirés à l'utopie, entraînés à l'action
et partagés entre l'espérance de la nouveauté et
la crainte de l'inconnu ; enfin de la gaieté mélancolique, de la grâce émue, de la coquetterie attendrie des femmes goûtant le reste d'un empire qui
va passer.

Ces derniers beaux jours de la Malmaison, avant
l'illustration définitive et l'immortel honneur, res-
semblent à ceux de toutes les belles résidences du
temps, asiles de toutes les aristocraties menacées à
la fois. C'est un moment unique, triste et charmant,
que cette suprême villégiature entre les premiers
bruits de l'orage et le subversif coup de foudre,
que cette dernière visite aux grands bois qui vont
être coupés, et dont la chute retentira si doulou-
reusement au cœur du poëte champêtre :

> Hélas ! ces bois sacrés, ces bosquets ne sont plus !
> Par le fer destructeur je les vois abattus,
> Abattus au printemps !...

Ce voyage de bergerie en 1789, au moment où

le loup va venir, c'est un salut et c'est un adieu
aux joies de la fortune, de l'esprit et de la nature ;
c'est un sourire attendri des femmes qui revien-
nent pour la dernière fois les pieds mouillés de
rosée et des bluets au chapeau de paille, des
longues et rêveuses promenades. C'est l'émotion
inquiète des hommes, leur conversation entre-
coupée, le cliquetis des mots hardis, le duel aux
paroles déjà envenimées entre les interlocuteurs,
selon ce qui l'emporte en eux du passé ou de
l'avenir, du regret ou de l'espérance, de la prévoyance ou de l'illusion ; c'est un rendez-vous à la
fois frivole et solennel de toute cette société condamnée par elle-même, dont l'échafaud prendra
la fleur et dont la proscription dispersera le reste
dans toute l'Europe, aux quatre vents de l'exil et
de la pauvreté. C'est le soleil couchant enfin de
l'hospitalité, de la galanterie, de la conversation,
de la gaieté et de la bonté française. Madame Le
Brun, en quelques lignes qui sont des touches,
nous fait voir et sentir tout cela. C'est à elle que
nous devons le récit caractéristique de deux excursions champêtres en 1788 et 1789.

Voici le croquis de 1788 :

« Je ne puis songer aux dernières campagnes que j'ai
visitées, sans qu'il se mêle au souvenir de quelques doux

moments plus d'un souvenir pénible ; en 1788, par exemple, je partis avec Robert pour aller passer quelques jours à Romainville, chez le maréchal de Ségur ; en route nous remarquâmes que les paysans ne nous ôtaient plus leurs chapeaux ; ils nous regardaient au contraire avec insolence, et quelques-uns même nous menaçaient avec leurs bâtons [1]..... »

Après le croquis vient le tableau. Nous sommes en 1789 et à la Malmaison :

« Dans cet été de 1788, j'allai passer quinze jours à la Malmaison, qui appartenait alors à madame la comtesse Du Moley. Madame Du Moley était une jolie femme très à la mode. Son esprit n'électrisait pas ; mais elle comprenait celui des autres avec intelligence. Le comte Olivarès était alors établi chez elle, et elle avait eu pour lui la galanterie de faire placer à l'entrée d'un chemin situé dans le haut du parc une inscription portant : *Sierra Morena*. Olivarès n'était point ce qu'on appelle aimable. Ce que j'ai remarqué en lui de plus saillant était sa malpropreté ; ses poches, pleines de tabac d'Espagne, lui servaient de tabatière.

» Le duc de Crillon et le cher abbé Delille venaient fort souvent à la Malmaison, où je me trouvais heureuse de les rencontrer. Madame Du Moley aimait beaucoup à se promener toute seule, et j'étais parfaitement de son goût ; en sorte qu'il était convenu que l'on tiendrait une

[1] *Souvenirs*, t. I, p. 171.

branché de verdure à la main, si l'on ne désirait pas se chercher ou s'aborder. Je ne marchais jamais sans ma branche ; mais si j'apercevais l'abbé Delille, je la jetais bien vite.

» En juin 1789, j'allai dîner à la Malmaison ; j'y trouvai l'abbé Sieyès et plusieurs autres amateurs de la Révolution. M. Du Moley hurlait contre les nobles ; chacun criait, pérorait sur toutes choses propres à opérer un bouleversement général ; on eût dit un vrai club, et ces conversations m'effrayaient horriblement. Après dîner, l'abbé Sieyès dit à je ne sais plus quelle personne : « En vérité, je crois que nous irons trop loin. » — « Ils iront si loin qu'ils se perdront en chemin, dis-je à madame Du Moley, qui avait entendu l'abbé comme moi, et qui s'attristait aussi de tant de présages funestes [1].»

Le Florian de la Malmaison, qui, plus heureux que celui de Sceaux, devait survivre à la catastrophe qui tua son confrère en prison et déplorer harmonieusement la ruine et le déshonneur de ces belles maisons dont il avait été l'hôte et le poëte au temps de leur triomphante splendeur, fut l'abbé Delille, l'auteur des *Jardins* et de *la Pitié*.

Nous trouvons aux *Pièces fugitives* de ses *OEuvres* quelques vers inspirés par le ruisseau de la Malmaison et surtout la muse aimable qui

[1] *Souvenirs de madame Vigée Le Brun*, 1835. T. I, p. 172, 173.

l'accompagnait parfois sur ses bords, c'est-à-dire la maîtresse du château elle-même, madame Du Moley.

LE RUISSEAU DE LA MALMAISON.

VERS POUR LA FÊTE DE MADAME DU MOLEY.

(C'est le dieu du ruisseau qui parle.)

Parmi les jeux que pour vous on apprête,
Permettez, belle Églé, que le dieu du ruisseau,
Qui charmé de baigner votre heureuse retraite,
Vous voit rêver souvent au doux bruit de son eau,
    Vienne s'unir à cette aimable fête.
C'est à vous que je dois le destin le plus beau :
Mes ondes, avant vous, faibles, déshonorées,
Sur un terrain fangeux se traînaient ignorées ;
C'est vous de qui les soins, par des trésors nouveaux,
    Ont augmenté les trésors de ma source ;
        C'est vous qui, dans leur course,
    Sans les gêner, avez guidé mes eaux.
Vous, de Marly naïades orgueilleuses,
Qu'au haut des monts, vos eaux ambitieuses
S'élèvent avec peine et fassent gémir l'air
Du bruit affreux de leurs chaînes de fer ;
    Moi, dans ma course vagabonde,
A son penchant j'abandonne mon onde.
    Que dans de pompeuses prisons,
Le marbre des bassins tienne vos eaux captives,

> Entre des fleurs et des gazons
> Je laisse errer mes ondes fugitives.
> Allez baigner des rois le séjour enchanté :
> Moi , j'arrose des lieux où se plaît la beauté.
> Là , prenant tour à tour vingt formes différentes ,
> Mes flots se font un jeu d'exprimer dans leur cours
> De la charmante Églé les qualités brillantes ;
> Ils savent toujours plaire en l'imitant toujours :
> La pureté de ces eaux transparentes ,
> D'un cœur plus pur encor peint la naïveté ;
> Le jet brillant de ces eaux bondissantes ,
> De son esprit peint la vivacité.
> Voit-on mes flots , au gré de la nature ,
> Suivre négligemment leur cours ,
> C'est l'image de ses discours
> Qui nous plaisent sans imposture.
> J'aime à répéter dans mes eaux
> L'azur des cieux , les fleurs de mon rivage ,
> Et la verdure des berceaux ;
> Mais j'aime cent fois mieux réfléchir son image.

De son côté, c'est l'observation sagace et l'admiration reconnaissante de madame Du Moley qui ont fourni à l'auteur de la *Notice* biographique qui précède les *OEuvres complètes* les traits principaux d'un portrait que l'on sent ressemblant, de son hôte, de son poëte, de son ami.

« L'époque du poëme des *Jardins* fut pour Delille celle de la gloire, de la fortune et de tous les genres de succès. Recherché avec empressement de tout ce qu'il y avait de plus distingué par les talents, le rang et la naissance, il apportait dans leur société, dit une femme de beaucoup d'esprit (madame Du Moley), une gaieté si vraie, si jeune, si naïve, et pourtant si ingénieuse, que l'homme supérieur et le grand poëte se retrouvaient à chaque instant et comme malgré lui dans l'homme aimable. »

C'est dans les notes de son poëme des *Jardins* que Delille, après avoir chanté Bagatelle, acquitte en prose la dette de son admiration et de sa gratitude pour l'hospitalière Malmaison :

« Je n'ai pu nommer tous les jardins agréables qui ont été faits depuis quelques années. Il en est plusieurs qui auraient mérité de l'être, et de ce nombre sont : la Falaise, Morfontaine, Roissy, la Malmaison, agréable par la beauté de ses bois, de ses eaux, de ses vues et de sa situation [1].... »

Mais il est temps de passer à d'autres souvenirs et d'évoquer d'autres images.

Bientôt vient la Révolution, puis la Terreur, tirant son voile de deuil entre les deux mondes du passé et de l'avenir ; l'un, souvenir proscrit, l'autre, réalité encore sanglante. Sur la Malmaison, la villa des banquiers des eaux de Paris, des financiers de

____

[1] *OEuvres*, t. VII, notes du chant i.

la cour, des émules et des amis d'un La Borde, comme sur Rueil, que compromet maintenant ce grand nom de Richelieu, comme sur Luciennes, que perd l'infamie d'une Du Barry, comme sur Sceaux, que ne sauve pas la vertu d'un Penthièvre, comme sur Trianon, que ne préserve pas l'inviolabilité due à la femme, aux oiseaux et aux fleurs, s'abattent les mille mains de la confiscation nationale et ses humiliants stigmates, l'affiche et l'écriteau de la maison, hier au maître honoré et aux hôtes choisis, aujourd'hui prostituée, offerte au plus offrant et dernier enchérisseur.

Après la tempête, l'éclaircie et son arc-en-ciel victorieux. C'est la gloire qui panse les blessures que la Terreur a faites à la France. Sur ces débris et sur ces poussières d'une monarchie et d'une société brisées, s'est levé un génie créateur qui fera l'ordre dans le chaos, qui relèvera l'autel, puis le trône, et s'assoira sur le trône par le droit du plus digne bien plus que du plus fort, aux acclamations d'un peuple avide d'être gouverné et qui permet tout à un maître qui l'a sauvé.

Mais bien avant ces triomphes du Consulat et de l'Empire, au premier chapitre de ce roman qui est de l'histoire, le général de vendémiaire et de Lodi, le négociateur de Campo-Formio, le héros de cette expédition égyptienne où un homme de leur race foule les traces d'Alexandre et de César et mêle les palmes du Nil aux lauriers d'Italie, Bonaparte, époux de Joséphine et maître de la Malmaison, va s'y reposer des fatigues de la conquête des Français et de la réorganisation de la France. C'est dans une promenade à la Malmaison que la voix d'une cloche lui rappellera ce Dieu dont il est l'instrument et que tout un peuple semble avoir oublié, la nécessité sociale d'un culte, l'autorité salutaire de la religion, la grâce et le charme de la prière. Et quand il reviendra à des pensées plus légères et à des intérêts plus profanes, c'est à la Malmaison, au milieu de ces images et de ces souvenirs de la société évanouie, qu'il méditera le plan de la nouvelle. C'est de cette résidence champêtre des Barentin et des Le Couteulx que partiront le signal et l'exemple de l'adoucissement des mœurs, de la politesse réhabilitée et de la galanterie permise Dans ce pays où tout était à refaire et à rapprendre, et où les Tuileries furent le premier salon rouvert, l'hospitalité de la Malmaison fut une sorte d'école. C'est là que fut décrétée la restauration de Dieu. C'est là que se fit aussi, sans décret, au milieu du charme pacificateur de la nature, et sous l'influence inspiratrice d'une femme aimée, la res-

tauration de ces anciennes mœurs, de cette ancienne politesse, de cet éternel ancien régime
encore cher à tous les partis, dont toute la force est
faite de grâce, dont toute l'autorité repose sur l'esprit et le goût, et qui se résume en un mot : l'empire de la femme.

C'est à son retour des eaux de Plombières, en
septembre 1798, que Joséphine, encore brisée des
émotions de la séparation, augmentées encore par
le contre-coup de deux accidents aux dangers desquels elle avait échappé comme par miracle, chercha un séjour qui convînt aux mélancoliques impressions de son veuvage. Il lui fallait un asile modeste
où, entourée seulement de sa fille et d'amis choisis, elle pût, dans la paix de la vie domestique et
champêtre, réparer ses forces ébranlées, se remettre
de tant de secousses et supporter plus doucement
le supplice de l'attente, dont elle souffrait à la fois
comme épouse et comme mère, Bonaparte ayant
emmené Eugène avec lui dans cette expédition
sublime, mais périlleuse, où la haine anglaise aigui-
sait le poignard du fanatisme oriental. S'occuper
ainsi d'elle-même, c'était encore s'occuper de lui.
Joséphine n'ignorait pas que le général avait prié son
frère de lui choisir une maison de repos pour son
retour, soit aux environs de Paris, soit dans la plan-

tureuse Bourgogne, qu'il affectionnait particulièrement. Avec son ardeur habituelle, l'épouse s'em-
para de cette commission, ou plutôt se consacra
tout entière à l'accomplissement et au succès de ce
vœu, auquel l'éloignement de son auteur et l'incertitude de sa destinée donnaient quelque chose de
l'autorité testamentaire. On chercha passionnément
autour d'elle cette maison privilégiée destinée à
abriter tant de grâce et de bonté, et bientôt tant de
gloire, que Joséphine voulait embellir et parer
d'une façon digne de son hôte prochain. Après quelque hésitation entre deux sites et deux demeures
également propices aux projets de son cœur, Joséphine donna à la Malmaison sur Ris une préférence
définitive. C'est donc à la Malmaison, épave de la
fortune des le Couteulx, que le membre du conseil
des Anciens Le Couteulx de Canteleu avait pu recueillir en 1792 du grand naufrage de la dila-
pidation nationale, que fut fixée par madame
Bonaparte cette halte de sa vie, à l'heure du re-
cueillement et de l'intimité; que fut établi ce nid
de villégiature d'où devait sortir tout un monde
nouveau, où Bonaparte devait préparer Napoléon, et où l'Empire allait éclore dans le Consulat.

La propriété de la Malmaison fut acquise moyen-

nant un prix de cent soixante mille francs [1], payé
en partie avec la dot de Joséphine, en partie avec
les ressources du général. Elle y fit d'abord les
travaux d'installation indispensables et y passa toute
la fin de l'automne de 1798 et la belle saison
de 1799, heureuse de satisfaire enfin à satiété ce
double goût de créole dont, depuis son retour des
Antilles, elle n'avait pu savourer les innocentes
voluptés : l'amour de la vie champêtre et l'amour
de la vie familière. Les grands appartements pleins
d'air et de soleil, les larges horizons, les siestes con-
templatives au milieu de la fraîcheur des eaux, du
parfum des fleurs, du chant des oiseaux et du bruit du
vent dans les feuilles, les bains abondants et faciles,
la promenade en robe de mousseline ondoyante et
légère et en chapeau de paille le long de l'étang ou
des bois, les rencontres rustiques, les bonnes fortunes de la charité : tel était l'idéal d'existence que
le château de Montebello, aux pompeuses terrasses,
et le petit hôtel de la rue de la Victoire, avec son
étroit jardin, n'avaient pu réaliser, et dont le désir,
irrité par le regret, ne put s'assouvir à son aise
qu'à la Malmaison.

Pendant l'absence de celui qui devait animer et

[1] *Mémoires de Bourrienne*, t. IV, p. 29.

illustrer la résidence que l'amour et l'admiration
embellissaient pour lui, et où son souvenir faisait
en général le thème de la conversation, Joséphine
lui ménageait, en les cultivant avec une sollicitude
et un attrait irrésistibles, la fidélité des relations
diverses que sa gloire italienne avait groupées autour de lui à l'hôtel Chantereine, et dont la gloire
égyptienne, arrivant à travers les croisières an-
glaises par bouffées triomphales, renouvelait à
Paris le volontaire enthousiasme. Bernardin de
Saint-Pierre, Arnault, Ducis, Legouvé, Lemercier,
Joseph Chénier, Méhul, Talma, Volney, Andrieux,
Picard, Collin d'Harleville, Baour-Lormian, Parce-
val-Grandmaison, Alexandre Duval, Bouilly, tous
les hôtes familiers, à des degrés divers, des dîners
et des soirées de l'héroïque amphitryon de la rue
de la Victoire, déjà cher aux Muses et l'orgueil de
l'Institut, s'y retrouvent après son départ et de-
meurent les courtisans de la grâce et de la bonté
de Joséphine, comme ils l'ont été de la grandeur
naissante de son époux. Dans ce rendez-vous des
jeudis, où la société ancienne, dans quelques-uns
de ses plus nobles ou de ses plus aimables débris,
s'apprivoise peu à peu à la nouvelle et la gagne à son
tour, on voit, durant l'expédition d'Égypte, appa-
raître peu à peu ces femmes jusqu'alors absentes,

dont madame Campan élève à Saint-Germain une brillante pépinière, où les capitaines de retour feront leur conjugale conquête et trouveront des épouses choisies.

A l'hôtel de la rue de la Victoire, à la Malmaison rajeunie par cette restauration des salons et des jardins, prélude de tant d'autres, se rencontraient, étonnées et charmées de vivre, et mêlant des liens nouveaux aux antiques nœuds d'une société long-temps dispersée, les sœurs du général, la gracieuse Hortense, épanouie dans l'éclat de ses dix-huit ans ; la comtesse Fanny de Beauharnais, la comtesse d'Houdetot, mesdames Caffarelli, Damas et Andréossi, unies par le commun regret de leurs maris, compagnons d'armes de l'épopée d'Égypte ; madame Tallien et madame Regnault de Saint-Jean d'Angély, qui s'y disputaient en souriant la palme de la beauté, abandonnant à la maîtresse de la maison une supériorité de grâce et de charme qui demeurait sans rivale. A côté d'elles se tenait le groupe artistique et littéraire qui donnait au salon sa physionomie à part : Gérard, Girodet, Lesueur, Cherubini, Lebrun-Pindare, Hoffmann, Désaugiers, Deschamps, futur secrétaire des commandements de la future Impératrice Joséphine, Després, futur secrétaire des commandements de la future Reine

Hortense, Piis, Barré, Longchamps, Despréaux, madame Bourdic-Viot, d'abord marquise d'Entremont, dont Voltaire avait salué l'esprit.

Par une coïncidence qui pourrait passer pour une délicate flatterie, si elle n'eût été involontaire, c'est devant cet auditoire, qui eût pu lui servir de modèle, que Legouvé lut dans sa primeur *le Mérite des femmes,* que Bouilly déclama son drame de *l'Abbé de l'Épée,* et qu'Arnault, avec sa voix tonitruante, son air sombre et ses yeux voilés, récita ses *Fables,* dont la légèreté caustique, si contradictoire avec la mine de leur auteur, inspirait au malicieux bonhomme Bouilly cette comparaison « du bœuf broutant des violettes ».

De ces délassements littéraires, où l'on retrouve l'inspiration d'honnêteté, de sensibilité, de galanterie décente qui allait animer la société du Consulat, Joséphine passait aux plaisirs plus graves des réunions officielles du Luxembourg, où, de concert avec ses deux beaux-frères, Joseph et Lucien, elle surveillait habilement les intérêts de l'absent, caressait la jalousie, désarmait la haine par un sourire, occupait Barras, et, par sa femme fascinée, neutralisait Gohier.

Grâce à cette coopération sérieuse, voilée d'apparences frivoles, et à ce dévouement si féminin,

3.

Bonaparte, débarqué à Fréjus en octobre 1799, trouvait, en arrivant à Paris, accompagné de son frère Louis et de cet Eugène qu'il se plaisait déjà à appeler son fils, dans la haute société où s'était bornée cette délicate influence, des ennemis inquiets et des amis enhardis, tout un parti enfin, prêt à applaudir au peuple acclamant prophétiquement sur sa route le *libérateur,* le restaurateur de la victoire qui déjà, sur le Rhin et le Var, désertait nos drapeaux, et à conspirer pour son salut avec toute la France.

Trois semaines après ce retour triomphal, le général Bonaparte s'appelait le Premier Consul, et faisait au petit Luxembourg, ou plutôt, car un tel homme du premier coup se trouvait partout à sa place, y faisait faire à ce groupe d'officiers, noyau de la future cour, l'apprentissage des Tuileries. Aussitôt la nouvelle constitution, dite de l'an VIII, promulguée, cédant au Sénat conservateur cette résidence provisoire, Bonaparte, le 19 février 1800, faisait solennellement, accompagné des deux consuls, dans le carrosse à six chevaux blancs, présent de l'empereur d'Autriche au négociateur de Campo-Formio, son entrée dans le palais qui devenait son domicile légal. Joséphine et ses enfants prirent les appartements du dessous, ouverts sur le jardin, le soleil et les fleurs. Le second consul, Cambacérès, qui avait constitutionnellement le droit de loger aux Tuileries, préféra l'hôtel d'Elbeuf, place du Carrousel. Lebrun s'installa au pavillon de Flore, qu'il ne tarda pas à quitter volontairement, et Bonaparte demeura bientôt sans voisins, comme il était sans rivaux, dans ce premier étage du château dont les salles sans jour et les vieilles et sombres tapisseries lui avaient arraché un jour ce mot rapporté par Rœderer : *Triste comme la grandeur !*

Enfin, la plus belle conquête de Bonaparte, son digne présent de joyeux avénement, la paix générale, vint lui permettre de donner tous ses soins à l'organisation civile et à la restauration sociale d'un pays si longtemps bouleversé. Dans cette œuvre multiple et progressive, Bonaparte, préoccupé surtout des institutions, fut singulièrement aidé, en ce qui touchait la partie la plus frivole, mais non la moins importante de sa tâche, la résurrection de la société française, la conciliation de l'ancienne politesse avec les nouvelles mœurs, la création d'un salon type de tous les autres, d'où pussent partir à propos le mot d'ordre de la mode et de l'opinion, le goût de la conversation solide et l'exemple de la galanterie décente, Bonaparte, disons-nous, fut singulièrement aidé par l'attrait insinuant, le

charme sympathique, le ministère d'élégance, de
charité et de pardon, gracieusement usurpé sur le
pouvoir souverain par cette femme d'un homme
doué de tous les génies, et qui se contenta d'avoir
le génie du cœur. C'est à Joséphine, aidée des
conseils de madame de Montesson et de madame
de Genlis, à Joséphine, qui appartenait par sa
naissance, ses amitiés, ses malheurs, au monde
dont elle était la tradition vivante, qu'est dû en
grande partie le succès de cette restauration mon-
daine, de cet apaisement de tant de regrets consen-
tant sous son sourire à n'être plus que des souvenirs, de cet apprivoisement des rudesses militaires
que d'habiles mariages achèvent de dompter, de la
création de cette cour consulaire où les visiteurs
les plus hargneux ne trouveront rien à reprendre,
qui frappera les plus farouches voyageurs aux réceptions des Tuileries par son ton de noblesse et de
fierté, et, aux vacances du dimanche à la Malmaison, les séduira par ses saillies spirituelles et ses
accès de malicieuse gaieté. C'est l'ancien bon ton,
la proverbiale urbanité française, mais rajeunis,
reverdis, parés d'un accent plus vif, d'un charme
plus viril, avec je ne sais quelle franchise de force
et quelle grâce de jeunesse, et cette nuance de
cordialité et de dignité qui indique l'expérience

d'une révolution et l'habitude de la victoire. Cette
œuvre de tolérance, de confiance, d'attraction,
d'oubli, qui fait reconnaître aux plus intraitables
douairières Bonaparte, non comme un parvenu
mais comme un arrivé, est surtout le chef-d'œuvre
de Joséphine, vivant et charmant trait d'union entre
le monde ancien et le monde nouveau, et qui mul-
tiplie entre eux, à force de services, de bienfaits,
de victoires d'un mot, de conquêtes d'un regard,
les liens et les nœuds. Jusqu'à la fusion définitive,
cette transition si délicate du Consulat à l'Empire,
à quelques années de la Révolution ou de la Terreur, passe inaperçue ou plutôt semble naturelle.
Personne ne s'étonnera et ne s'indignera, excepté
ceux qui s'étonnent et s'indignent de tout, de trouver sur le trône le héros victorieux et sauveur, et
d'y voir assise à côté de lui celle que tout le monde
appelle « la bonne Joséphine ».

Napoléon à Sainte-Hélène trouvait du bonheur à
rendre justice et hommage à cette influence rassé-
rénante de Joséphine, à cette entremise délicate et
heureuse, qui n'avait pas été sans utilité pour sa
consolidation, entre sa femme et l'ancien monde,
hostile ou prévenu et gagné par elle.

« La circonstance de mon mariage avec mademoiselle
de Beauharnais m'a mis en point de contact avec tout le

parti qui m'était nécessaire pour concourir à mon système de fusion, un des principes les plus grands de mon
administration, et qui la caractérisera spécialement.
Sans ma femme, je n'aurais jamais pu avoir avec ce
parti aucun rapport naturel [1].... »

Quelle femme pouvait mieux convenir à ce rôle
que la veuve d'Alexandre de Beauharnais, dont la
beauté et la grâce avaient enchanté la haute société de 1785, dont le salon, en 1789, était le
rendez-vous de la bonne compagnie, avant d'en devenir l'asile après le 9 thermidor? Aussi est-ce à
elle, faisant appel à ses souvenirs, à ses alliances,
à la généreuse piété, demeurée traditionnelle dans
sa famille, pour la mémoire de Louis XVI et de
Marie-Antoinette, et exploitant parfois aussi ses
scrupules et envenimant ses craintes, que s'adres-
saient les émigrés en instance de radiation, les
rayés en instance de secours, et même les princes,
chefs vagabonds de cette armée de proscrits déser-
teurs en qui l'amour de la patrie ou l'horreur de
la misère l'emportaient sur l'inutile fidélité à un
drapeau qui n'était plus celui de la France. Bonaparte pardonnait jusqu'aux excès de cette médiation
si naturelle, dont il ne profitait qu'au risque d'en

---

[1] *Mémorial de Sainte-Hélène*, Ire partie, p. 105.

souffrir quelquefois, et il se bornait à d'énergiques refus ou à des reproches souriants lorsqu'il voyait le zèle louable et salutaire de Joséphine, d'Hortense, de madame Campan s'égarer jusqu'à favoriser des propositions du genre de celles dont la belle duchesse de Guiche, digne ambassadrice du frivole comte d'Artois, fut la messagère galamment éconduite, ou dont MM. d'Andigné, Hyde de Neuville, et après eux le marquis de Clermont-Gallerande, furent de la part du comte de Lille les plus graves, mais non plus heureux négociateurs.

Bonaparte connaissait le sentiment de crainte superstitieuse et de dévouement idolâtre qui inspirait l'accueil fait par « l'ange de bonté » à ces illusions et à ces indiscrétions du parti royaliste, et à l'heure de l'entière justice, du souvenir et du regret, il glorifiait et bénissait, à travers le léger nuage de ces fugitifs dissentiments, celle qui avait été l'étoile de son matin, celle qui avait partagé ses chagrins sans lui en jamais donner un seul, et traversé sans pâlir, comme au soir néfaste de l'attentat de nivôse, les plus tragiques épreuves de leur commune destinée.

« Je ne gagne que des batailles, disait-il un jour, et Joséphine par sa bonté me gagne tous les cœurs[1]. »

---

[1] *Mémoires* de M. de Bausset.

» Joséphine, disait-il au docteur O'Meara, était la grâce personnifiée. »

Enfin, au dépositaire de ses familières et solennelles confidences, il faisait en deux mots de la compagne de la première moitié de sa vie cet impérissable éloge :

« Joséphine était la plus aimable et la meilleure des femmes [1]. »

Mais c'est à la Malmaison qu'il faut revenir maintenant, et la montrer dans le suprême éclat de la beauté, de la grâce, de la bonté, du bonheur, à ces écoles buissonnières du dimanche, où, dans le matin du siècle et le printemps de l'année, s'ébat ce Décameron de jeunes généraux et de dames de vingt ans, dont le Premier Consul partage les jeux et la gaieté, heureux comme eux, au sortir de ces Tuileries tristes comme la grandeur, de revenir à ce petit château des champs, gai comme la nature et la liberté.

Il a été d'ailleurs fort embelli ; la modeste villa, elle aussi, entre dans sa phase triomphante et s'épanouit dans l'enorgueillissement de ses trophées. Ici encore vont éclater cet art d'arrangement de décoration, d'harmonie, cette science

[1] *Mémorial.*

des petites magies, des doux ensorcellements du confort, des poésies domestiques et des élégances familières qui distinguent Joséphine, en qui les instincts de la créole sont éclairés par l'expérience d'une société aristocratique et raffinée. La Malmaison sera le Trianon de cette reine, fille des Antilles et de Paris. Elle y déploiera toutes les intelligences du luxe, toutes les grâces de la bonté. Mais elle y ajoutera le culte de l'art au culte des oiseaux et des fleurs. Et c'est là que sa supériorité, qui semble fléchir sur certains points, se relève. Le Trianon consulaire et impérial a ses kiosques, ses temples de l'Amour, ses bergeries, ses chaumières, ses jeux de billard remplaçant le jeu de bague, et son petit théâtre comme l'autre; mais dans tout cet appareil de convention imposé par la mode aux résidences champêtres, je trouve la sentimentalité moins fade et la bienfaisance moins théâtrale, et à la Malmaison, de plus qu'à Trianon, je salue un jardin savant et une villégiature sans frivolité et sans oisiveté. Là, c'est encore le travail qui repose du travail, et là, la bibliothèque et la galerie entretiennent l'esprit dans cette habitude féconde de la réflexion et de l'admiration.

Mais nous dirons tout à l'heure les grandes choses accomplies à la Malmaison, et qui font que cette résidence appartient à l'histoire par les actes autant que les personnes. Racontons d'abord le poëme de cet embellissement progressif, œuvre infatigable de tous les loisirs que laissent à Joséphine les devoirs du rang et les plaisirs de la famille, l'amitié et la charité.

Lorsque Bonaparte revint d'Égypte, il trouva la demeure des Le Couteulx, délabrée par la négligence d'un long séquestre, rajeunie, renouvelée, s'épanouissant en quelque sorte dans ses murs relevés et ses jardins reverdis. Cette résurrection était l'œuvre passionnée de l'attente de Joséphine et de ses intelligents loisirs. Mais c'est du retour de Marengo et de la période pacifique qui suit ces nouvelles victoires, que date le commencement de l'apogée de la Malmaison, résidence favorite du Consulat. C'est alors que commencent, pour continuer jusqu'en plein Empire et ne s'arrêter que devant la rivalité triomphante de Saint-Cloud et de Fontainebleau, ces progrès, ces développements, ces embellissements, dont nous devons suivre la trace en détail, en comparant l'une à l'autre l'ancienne et la nouvelle physionomie du lieu.

Le bien national racheté par M. Le Couteulx de Canteleu et cédé par lui à madame Bonaparte, était limité par une étroite enceinte dont le mur de clôture scandait la colline à gauche et coupait la plaine à droite, aux environs de la maison. Le ruisseau qui l'alimentait d'eaux chétives prenait sa source au delà du parc, sur le chemin de l'étang de Saint-Cucuphat.

Joséphine agrandit le parc de toute la plaine qui le séparait de Rueil et donna au tableau, pour cadre verdoyant, la côte d'Or, large colline qui le bornait au couchant, et le bois de Saint-Cucuphat, qui estompait au sud-ouest l'horizon.

Bonaparte, dans ce tracé des limites de son *Sans-Souci* consulaire, rencontra, dans la résistance opiniâtre d'une vieille fille, le même obstacle insurmontable, et il donna, comme Frédéric, l'exemple du respect du droit même aveugle, de la faiblesse même sourde. Les juges de Paris n'eurent pas plus à intervenir que ceux de Berlin. L'Empereur fut aussi patient que le Premier Consul, et jusqu'en 1810, époque où le combat finit faute de combattants, mademoiselle Julien put, du haut du belvédère placé au point culminant de la colline, voir tout ce qui se passait à la Malmaison, et indiscrète mais inviolable, narguer impunément les voisins dont son jardin, enclave importune, entrait comme un coin en plein parc et étranglait la promenade de ce côté, comme sa maîtresse gênait l'intimité. Cette servitude incommode et taquine, unique désagrément d'une résidence si agréable, finit en 1810 par la mort de l'intraitable douairière, et la cession consentie par des héritiers plus raisonnables qu'elle.

Une lettre de l'Empereur, du 23 septembre 1809, établit qu'à cette époque les pourparlers pour l'acquisition de la maison du Bois-Préau duraient encore, mais approchaient d'une conclusion. Cette solution d'un long différend est-elle contemporaine de la date de ce billet où l'Empereur semble se résigner de fort bonne grâce à sa défaite, ou bien faut-il reculer l'acquisition jusqu'au jour néfaste de la bataille de Waterloo, où, suivant une tradition locale, mademoiselle Julien, par une étrange coïncidence, se noya dans son étang en allant visiter ses blanchisseuses? Nous l'ignorons. Quoi qu'il en soit, voici le billet de Napoléon, où l'on retrouve la gaieté qu'il savait mêler à sa gravité et l'esprit de son génie :

A L'IMPÉRATRICE, A MALMAISON.

« J'ai reçu ta lettre du 16, je vois que tu te portes bien. La maison *de la vieille fille* ne vaut que 120,000 fr.; ils n'en trouveront jamais plus. Cependant, je te laisse maîtresse de faire ce que tu voudras, puisque cela t'a-

muse; mais, une fois achetée, ne fais pas démolir pour
y faire quelques rochers. Adieu, mon amie.

» NAPOLÉON [1]. »

C'est sur ce champ ainsi successivement élargi que
Joséphine, investie de pleins pouvoirs que justifiait
son goût exquis, déploya toutes les ressources de ce
féminin génie, habile à marier l'art et la nature. Il
était impossible de tirer un meilleur parti de cette
scène champêtre, qu'il s'agissait de disposer en
profitant des avantages et en profitant même des
inconvénients qu'offrait le terrain. Secondée par les
conseils d'hommes spéciaux, que nous nommerons
tout à l'heure, celle qu'on peut considérer, — par
l'inspiration et la personnalité originale qui, partout, dans la physionomie de la Malmaison, attestent
le même auteur, — comme la créatrice de ce séjour
délicieux, sut imprimer à ces deux vallées qui
formaient le domaine, aux plantations des pentes
adoucies, aux gazons de la plaine arrosée d'eaux
courantes et bordée de fabriques rustiques, cette
variété dans l'unité, cette harmonie dans le contraste, et cette sérénité dans la vie qui sont le triple

---

[1] *Rueil, le château de Richelieu, la Malmaison, avec
pièces justificatives*, par MM. Jules Jacquin et Jos. Duesberg.
1845, p. 140, 141.

4.

caractère des résidences modèles, où les yeux, l'esprit et le cœur doivent trouver à la fois le plaisir et le repos.

Le parc de la Malmaison se composa ainsi de deux parties distinctes et cependant confondues, comme deux notes du même instrument. La vue a sa musique et les couleurs sont une gamme. Un beau jardin est une symphonie pour les yeux. C'est ce principe qui avait présidé à la diversité concordante et aux fraternelles dissemblances des deux moitiés du parc, diapré de sites et d'aspects concourant tous au même effet pittoresque, et évitant à la fois au promeneur l'ennui de l'uniformité et la déception des disparates.

Sur le derrière du château et sous la portée immédiate de sa vue se déroulait une vaste pelouse de près d'un kilomètre de rayon, arrosée de ruisseaux dont un petit temple voilé par la futaie abritait la source. Ces eaux vives et courantes, d'un élan précipité par la pente et enflées dans leur circuit, formaient plusieurs chutes, et après avoir serpenté dans la pelouse à travers les plates-bandes de fleurs et les bouquets d'arbres, elles allaient se jeter, par d'ombreux méandres, au bout du jardin, dans un lac où elles se brisaient contre un affluent venant en sens contraire avec des bouillonnements de cas-

LA MALMAISON SOUS L'EMPIRE

(Côté du parc)

Page 42.

cade et des soubresauts de cataracte. Des fabriques, étagées sur les bords de ce bassin animé, y balançaient leur image agitée par le mouvement du flot et onduleuse comme lui.

Le fond du paysage était d'une grandeur large et sévère, qui relevait et poétisait singulièrement par ses belles lignes d'ensemble le charme de tous ces détails. Les arcades de Marly au soleil couchant, profilées sur ce lointain rougeâtre, ou la nuit, découpées par un rayon de lune sur un horizon d'ombre et de vapeur, donnaient à cette nature si française je ne sais quelle physionomie italienne, et prêtaient au paysage de la Malmaison, borné par un aqueduc pareil à ceux des campagnes romaines, quelque chose de ces mélancoliques grandeurs fixées sur la toile par le Guaspre et Claude Lorrain.

A droite, on découvrait le pont de Chatou et les coteaux des bords de la Seine à travers les éclaircies d'un massif frais et touffu, qui longeait la grande route et formait au second plan du château comme un verdoyant rideau.

Ce fond solitaire et agreste du jardin établissait la limite de la seconde moitié du parc, la plus accidentée, la plus pittoresque, qui s'étendait sur le versant de la colline située à gauche du château et dominant la plaine. Toute cette pente était couverte d'un magnifique bois de haute futaie, entourant d'un cercle de peupliers et de platanes un réservoir naturel où se réunissaient, après avoir serpenté sous la voûte des branches entrelacées, les sources du sommet. Là, leur fusion engendrait le ruisseau principal chanté par Delille, qui descendait vers le jardin, au milieu d'une double haie de marronniers séculaires, remplis de chants d'oiseaux.

De ce lieu mystérieux et tranquille, propice à la méditation, et dont le doux murmure et les moelleux bancs de mousse donnaient l'idée de ces nymphées antiques chères à la promenade philosophique et épicurienne, on pouvait, tournant le dos au château, prendre le chemin de l'étang de Saint-Cucuphat entre deux collines plantées d'arbres verts. On découvrait à droite la bergerie qui existe encore, et au milieu du bois, sur le bord de l'étang, les bâtiments de la vacherie groupés à la façon d'un hameau suisse.

Joséphine aimait à égarer de ce côté si favorable à la rêverie sa promenade habituelle; elle avait fait élever sur les bords de l'étang un pittoresque chalet où elle se reposait des ardeurs du jour, quand elle ne préférait pas s'asseoir sous les arbres exotiques, mêlés par ses soins aux indigènes ombrages, ou prier sur les ruines de l'antique chapelle, et

suivre les traces du pèlerinage dont l'ermitage
bénédictin fut jusqu'à la Révolution le tradition-
nel rendez-vous. De là, elle allait visiter la vacherie, qui renfermait les plus belles espèces de
Normandie, de Suisse et d'Allemagne, et qu'en-
tretenait avec beaucoup de soin une famille suisse,
qui retrouvait dans ces lieux l'image saisissante du
pays natal et y portait sans dissonance le costume
de Berne.

Dans la bergerie, après le Consulat, fut abrité
un superbe troupeau de mérinos, présent du roi
Joseph, dont la vente se faisait régulièrement tous
les ans, et dont les prix rivalisaient avec ceux de
Rambouillet.

C'est dans ce système d'un éclectisme original,
compromis heureux entre les ressources de la
tradition de le Nôtre et les hardiesses de la nouvelle école, que furent conçues et réalisées, sous
l'inspiration de Joséphine et par les soins intelligents de Bertaut, la disposition et la décoration
de ce jardin justement fameux, où la régularité
solennelle et monotone des principes français fut
intrépidement désertée pour les nouveautés, les
libertés et les fantaisies, plus conformes au génie
prime-sautier de la nature, de l'ordonnance anglaise. Le parc de la Malmaison devint, comme

parti tiré des éléments naturels, le rival des parcs modèles de Windsor et de Blenheim, et dut même, de l'aveu des voyageurs britanniques, à la perfection de l'installation intérieure du château, à sa galerie, à sa serre, à ses tours de force de culture artificielle, à sa collection d'animaux non parqués dans les cages et sous les numéros d'une ménagerie, mais errant indépendants, à la fois apprivoisés et sauvages, et animant les jardins de leurs libres ébats, une supériorité incontestée. M. Lenoir, émule et auxiliaire de M. Bertaut, fut chargé par Joséphine de parer et de décorer le plan tracé par son ingénieux collègue, et d'y inaugurer l'alliance des motifs chantés par l'abbé Delille, avec les ressources nouvelles du romantisme.

M. Lenoir s'acquitta de son mieux de cette difficile mission. Il distribua, suivant le goût régnant en pareille matière, à travers le réseau des chemins en labyrinthe, sous l'abri des bosquets embaumés et au fond des vertes colonnades, les petites surprises traditionnelles : la grotte sombre, le temple blanc, le mausolée solitaire, la fontaine murmurante, la frissonnante statue, la chapelle gothique et rustique, relevant autant que possible, par l'imprévu des situations et des détails, tout cet appareil un peu conventionnel et factice des jardins anglais, tels que l'ont pratiqué Walpole et le prince de Ligne.

Dans la futaie, sur un grand rocher, vomissant, par une bouche factice, une source naturelle, il établit le petit temple voulu, abritant sous sa rotonde octogone l'indispensable Éros; mais il avait emprunté le porche et les huit colonnes ioniques de marbre rouge dont il était décoré, aux plus précieux débris de cet immense bazar des épaves du naufrage révolutionnaire appelé le Musée des Petits-Augustins.

Devant la serre, dont nous parlerons tout à l'heure, s'éleva la fontaine coulant du sein d'un monolithe de granit ancien, de quatorze pieds de haut. La grotte obligée fut du moins habitée, et dans ce but M. Lenoir trouva fort à propos un saint François en habit de capucin, sorti, pour quelque église conventuelle, du ciseau de Germain Pilon. Un bas-relief funéraire, fouillé dans le marbre par Girardon, fournit à point le tombeau, sur lequel un saule laissa pleurer ses feuilles. La mythologie, reléguée avec raison loin de ces voisinages chrétiens sur la colline, dans le lointain qui lui est favorable, fut représentée, aux bords de la grande pièce d'eau servant de réservoir aux sources du bois, par une statue colossale de Neptune, signée par Puget et acquise à la vente de l'amateur Donjeux. Le dieu déchu agitait, devant ces flots sans tempête, entre deux colonnes rostrales en marbre sérancolin, provenant du château de Richelieu, l'ironie de son trident inutile. Rien ne manqua aux amateurs romantiques non plus qu'aux classiques visiteurs, pas même le monument gothique qui formait le pendant et le contraste de l'antique temple. M. Lenoir fit venir de Metz la façade d'une chapelle des Grands Carmes, haute de douze mètres, véritable chef-d'œuvre de dentelle de pierre ; mais, par des scrupules inspirés en même temps par le respect et le goût, on n'infligea point à ce précieux débris de l'art naïf et pieux du moyen âge l'affront de figurer dans la promiscuité insouciante de cette décoration toute profane, et le tact de Joséphine imposa à ce zèle qui ne connaissait point d'obstacles le *veto* d'une légitime répugnance. Nous ne citons que pour mémoire les fabriques élégantes ou rustiques, les pavillons, kiosques, ponts de pierre et de bois, belvédères aériens et salons de verdure, les lacs peuplés de cygnes blancs et noirs et les cascades en miniature qui complétaient l'ensemble et variaient partout les aspects de ce jardin théâtral, aux mouvants panoramas, aux inépuisables surprises. Pour terminer notre description extérieure de la Malmaison, et avant d'entrer au château, nous devons dire quelques mots de la création la plus originale de ce jardin original, de celle qui constitue, avec la *Galerie*, le plus éloquent témoignage de l'influence de Joséphine et de son goût également passionné pour les chefs-d'œuvre de la nature et pour ceux de l'art, pour les statues, les tableaux et les fleurs, les fleurs surtout. Fraîche comme la rose dont elle portait le nom, superbe, quand elle voulait briller d'un étrange attrait et d'un fulgurant éclat, la tête couronnée du madras bariolé des Antilles et la taille enveloppée de l'écharpe de cachemire, comme la plus coquette tulipe, mais cherchant surtout à plaire et y réussissant toujours, avec la douceur et la modestie de la violette, l'émotion de la sensitive ou la tendre gaieté du muguet, Joséphine semblait avoir avec ces fleurs qu'elle aimait d'une sorte d'idolâtrie, des sympathies mystérieuses et des affinités fraternelles. La construction de la grande serre chaude de la Malmaison est le triomphe et le monument de cette intelligente et délicate religion. Le plan fut tracé par M. Thibaut, de l'Institut, mais inspiré visiblement par Joséphine. Une femme seule, avec son imagination et son sentiment, a pu songer au supplice de l'arbre expatrié, manquant d'air sous un brûlant vitrage, ou arrêté dans les élans de sa croissance et les expansions de sa vie par l'inflexible obstacle des nervures de fer de la voûte. Une femme seule a pu essayer de rendre, par un miracle de combinaisons et de sollicitude, à la plante exilée et prisonnière l'illusion du ciel natal, les apparences de la liberté, les voisinages amis, les aspects familiers. De là les vastes proportions et l'aérienne hauteur de cette maison des fleurs aux nouveautés hardies, type des progrès réalisés plus tard par le Jardin des Plantes, rendu à l'émulation par la Malmaison. Pour le système de chauffage et d'entretien, on avait pris modèle sur les magnifiques établissements de Kiew et de Schœnbrünn, en relevant l'imitation par l'inimitable élégance française.

Vers le milieu de la serre, pour vivre et habiter en pleine société de ses amies et entrer dans les plus intimes manifestations de leur existence, la femme qui trouvait à voir fleurir pour la première fois une plante acclimatée par elle une ineffable et presque maternelle volupté, et conservait, par la plume et le pinceau, comme celle d'une naissance importante, la trace de cet épanouissement victorieux, cette femme avait imaginé de faire établir un salon qui n'était séparé de la serre que par une espèce de portique ouvert, soutenu par deux riches colonnes de marbre brèche violette de douze pieds de hauteur, avec base et chapiteaux dorés. De ce salon, décoré à l'antique avec un goût exquis, on jouissait de la vue et du parfum de ces milliers de plantes exotiques, rangées en amphithéâtre et semblant jouer cette symphonie de couleurs et d'odeurs dont un tel arrangement inspire invinciblement l'idée. Joséphine, malgré l'éloignement relatif de ce lieu de délices intimes dont le vaste vaisseau n'eût pu entrer dans le cadre étroit des constructions du château, venait chaque jour voir ses fleurs des tropiques apprivoisées par elle à la France, surveiller leurs besoins, assister à leurs muets ébats et assouvir, dans une rêverie enivrée, ce goût des couleurs et des parfums qui semble avoir été à la fois un plaisir de son esprit et un besoin de sa riche nature.

M. Lenoir, ce conseiller désintéressé qu'elle avait attaché à l'embellissement et à la décoration de la Malmaison, et qui trouvait ce titre si beau qu'il ne voulut pas le gâter par un traitement, M. Lenoir raconte à ce propos un mot qui peint Joséphine tout entière et cette passion des fleurs qui fut la joie de sa jeunesse et la consolation de sa maturité.

« Elle avait des tulipes et des jacinthes doubles de Hollande de la plus grande beauté. Un jour de printemps que je me trouvais avec elle dans les jardins, elle s'arrêta devant les plants des tulipes et des jacinthes qu étaient près de fleurir; les larmes lui vinrent aux yeux et elle me dit : Je suis malheureuse, mon ami, voilà deux ans que je suis privée de les voir en fleur, Bonaparte m'appelle toujours auprès de lui dans ce moment-là [1].... »

Et maintenant, si nous voulons pénétrer dans l'intérieur du château et le voir tel qu'il se présentait aux regards de ses hôtes, nous n'avons qu'à nous placer par la pensée au nombre des compagnons de villégiature du Premier Consul, et à nous mêler à ce joyeux cortége de généraux intimes, d'aides de camp et de secrétaires favoris, de jeunes femmes et de jeunes filles amies de Joséphine ou d'Hortense, parmi lesquels se glissent quelques sévères costumes et quelques graves visages de conseillers d'État ou de diplomates invités à partager les travaux et les ébats de ce décadi ou de ce primidi consacrés régulièrement à la Malmaison, et que Bonaparte appelait en riant *ses jours de congé*. Nous voici arrivés, dans les voitures consulaires, sans

[1] Article de M. Lenoir dans le *Dictionnaire de la conversation*.

appareil et sans escorte, au terme d'un court voyage, rendu plus rapide encore par la conversation, pleine de cordialité et d'abandon, qui anime chaque groupe de cette suite qui fut une famille avant d'être une cour.

Les postillons s'arrêtent avant d'arriver aux deux pavillons d'ordre dorique qui servent de corps de garde aux troupes de service de chaque côté de l'entrée principale du parc, sur la route de Paris.

Un peu avant cette grille, du côté de Rueil, à l'angle du parc, à l'endroit où l'on voit aujourd'hui une maison appartenant il y a quelques années à M. Chardin, se trouvait le corps de garde des guides; le plus souvent, Napoléon entrait à la Malmaison par la grille qui se trouve encore près de cette maison, et les équipages enfilaient l'avenue de tilleuls qui conduit à la grille principale pour se diriger, par une longue allée de platanes qui existe encore, vers le château qui détachait sur le fond clair sa blanche façade au triple pignon.

Rien que de très-ordinaire comme apparence dans cette villa sans caractère seigneurial et dont la distribution intime, combinée en vue d'un séjour indépendant et d'une hospitalité cordiale, ne donnait rien à une vaine ostentation et à un superflu de parade.

On accédait au château par un porche en forme

de tente, sans doute en souvenir du camp, cette seconde patrie de tout Français d'alors, et servant de péristyle. Pendant les premiers temps du retour du héros d'Égypte, on put remarquer de chaque côté de la porte opposée donnant sur le parc et en tête du pont-levis qui la défendait, deux petits obélisques en marbre rouge de quatorze pieds de haut, chargés d'hiéroglyphes dorés, provenant de l'ancien château de Richelieu en Poitou. L'inspiration délicate de Joséphine se retrouve dans le style et le motif de cette double décoration, offrant de chaque côté de sa maison au maître victorieux une image de la demeure du soldat et un trophée des conquêtes du général.

Le grand vestibule qui prolongeait sur toute la largeur du rez-de-chaussée sa voûte soutenue par quatre fortes colonnes de stuc, ouvrait à l'œil, dès l'entrée, la perspective du jardin. Sur chacune de ses ailes se groupaient, d'un côté les salons de réception, la salle de billard et une galerie ; de l'autre, la salle à manger, la salle du conseil, le cabinet de travail, disposé en forme de tente militaire, et meublé avec une héroïque simplicité.

Rien, on le voit, ne donne moins l'idée d'une résidence de parade et de gala, avec les orgueilleux perrons et les marquises déployant en éventail le dais d'étoffe des Indes; mais en revanche quelle méthodique distribution, quelle symétrie harmonieuse et quelle entente du confort et de l'hospitalité dans ce plan, étalant successivement, d'un côté la pièce de présentation et de bienvenue, le rendez-vous de conversation et de délassement, la galerie pour l'entretien tranquille avec le nouveau venu et l'échange rapide, en deux tours de promenade isolée, des ordres et des nouvelles; de l'autre, la partie de l'habitation réservée au repas commun, familier, animé, et enfin à la délibération et à l'expédition des affaires, au sortir de ce sanctuaire inviolable de solitude, de méditation, de travail ou de repos.

Dans la seconde phase de la Malmaison, on ajouta à chaque extrémité de la façade deux pavillons avançant sur la cour d'arrivée, et formant, pour l'habitation et la commodité des gens de service, comme les deux bras du corps de logis.

Au premier étage se trouvaient, à la fois séparés et unis, les appartements particuliers du Premier Consul et de madame Bonaparte, la maison conjugale et familiale, la chambre unique, les cabinets jumeaux, le sanctuaire de repos, d'intimité, de confidence, de toilette, ce que les Romains appelaient *cubicula*, *venereum*, les Grecs *thalamos*, *istônes*, les Français du moyen âge l'appartement de *retrait*. Cette partie mystérieuse et réservée de l'habitation était reliée par une vaste galerie d'apparat, pleine d'air et de lumière, qui s'épanouissait sur toute la longueur du bâtiment, au demi-étage formant le couronnement de l'édifice, et distribué en une série d'appartements ou de chambres uniques pour les aides de camp, les secrétaires et les invités.

Outre MM. Lenoir et Berthauld, il est juste de mentionner parmi les collaborateurs de l'installation intérieure et de l'extérieure décoration de la Malmaison, MM. Percier et Fontaine. C'est par les soins du conservateur du musée des Petits-Augustins, également chargé de la garde des antiquités de la Malmaison, que la façade donnant sur la cour d'honneur ou d'arrivée fut ornée d'une suite de statues en marbre copiées d'après l'antique et mises à l'encan par le sieur Audrianne, adjudicataire du parc et du château de Marly. Le péristyle et le vestibule reçurent de la même main, habile à fouiller aux butins de la dépouille monarchique, une double haie de bustes en marbre et en bronze, panthéon recueilli dans la démolition du château de Richelieu en Poitou, avec les obélisques de quatorze pieds en marbre rouge de Givet, trophée de la porte du château ouverte sur le parc.

La décoration de la plupart des pièces intérieures
fut l'œuvre de M. Charles Percier. Il orna la salle
du conseil de panoplies et de sujets militaires, et
il fit peindre dans la salle à manger, par Laffitte,
des figures allégoriques et pacifiques dansant sur
un fond de stuc. Le salon qui précédait cette pièce
et le grand salon reçurent un ameublement d'un,
goût sobre et d'un style sévère, digne de la grandeur récente et prêt pour la grandeur future. Dans
la première de ces pièces caractéristiques, on ad-
mirait sous l'Empire deux beaux tableaux de
Gérard, représentant, l'un, l'impératrice Joséphine
assise sur un divan de velours jaune, l'autre, la
reine Hortense et ses enfants [1].

« Dans le salon de réception figurèrent, dès le Consulat, deux autres peintures de premier ordre, dont le
sujet était emprunté aux poésies d'Ossian, alors la passion littéraire de Bonaparte, et dues aux pinceaux rivaux
de Gérard et de Girodet [2]. »

Ce fut également sur les dessins et sous la direc-

---

[1] Ce tableau se trouve maintenant à Munich, et la copie en
tapisserie qui en avait été faite par les Gobelins est à Rome
chez madame Salvage de Faverolles (1845). (*Note* de l'ouvrage
de MM. Jacquin et Duesberg, p. 256.)

[2] *Histoire de l'impératrice Joséphine*, par Aubenas. T. I,
p. 127.

tion de M. Percier que la bibliothèque attenant au cabinet du Premier Consul fut construite et disposée.

« L'intérieur de cette bibliothèque, dit M. Lenoir, d'un style sévère et orné de colonnes, le tout en bois d'acajou, fut confié à M. Démalterre, qui s'en acquitta avec la pureté et le goût qu'il met dans tout ce qu'il fait en ébénisterie... »

C'est dans cette bibliothèque, entre autres raffinements intellectuels, que commençait cet échelonnage de tables qui se prolongeaient dans la galerie, et sur lesquelles Bonaparte trouvait sans interrompre sa promenade, dans des cartes déployées, les renseignements immédiats et précis qui servaient de jalons à ses démonstrations et à ses discussions ou au travail muet et solitaire de ses méditations. Nous aurons à reparler de ces entretiens ambulants, de ces recherches errantes, et de cette curiosité insatiable, de cette prodigieuse mémoire, qui exigeaient un perpétuel renouvellement de la bibliothèque. Nous continuons notre reconnaissance et nous arrivons à la galerie, œuvre, ainsi que le théâtre, de Bertaut, meilleur architecte de jardins que d'habitations. La galerie de la Malmaison, spacieuse et bien éclairée, ne fit point honte à son talent ; mais elle fit surtout honneur au

LA GALERIE A LA MALMAISON

CHAMBRE A COUCHER
de S. M. l'Impératrice Joséphine

goût libéral et original, [...] de distinction plus [...]
d'expérience, de Joséphine, inspirée, en cela comme
en tout le reste, par ce culte de la nature, cette
religion des animaux, des oiseaux et des fleurs,
cet amour des cieux élevés, [...] larges perspectives
et des grands horizons [...] une intelligence faite [...] de sentiment.

L'école h[...]
représent[...]
Ferme d'Ésau[...], de Paul Potter, avec [...]
vache [...] naïvement oublieuse des règles de la ci[vi]-
lité [...] acrite et bourgeoise; le tableau du même représentant si dramatiquement dans une double scène
[...], comme en une fable au pinceau, la guerre
faite aux animaux par l'homme et les représailles
des animaux contre lui [...] peu [...] de
la [...] de Berghem, et le
[...]
par le [...]
figures, [...]
cette admiration, [...] surtout [...] ce qui peut
s'aimer et s'admirer en même temps [...] à
la fois un plaisir des yeux et du cœur, et [...]
amoureuse de l'art inspiré par la nature, p[...]
cal, pastoral, moral et même un peu sentimental.
L'école française n'était pas entièrement [...] *autre*

CHATEAU A COUCHY
et l'Impératrice Joséphine

goût libéral et original, fait de divination plus que d'expérience, de Joséphine, inspirée, en cela comme en tout le reste, par ce culte de la nature, cette religion des animaux, des oiseaux et des fleurs, cet amour des cieux élevés, des larges perspectives et des grands horizons qui caractérisent une intelligence faite surtout d'imagination et de sentiment.

L'école flamande et hollandaise étaient surtout représentées dans ce choix de chefs-d'œuvre. La *Ferme d'Amsterdam*, de Paul Potter, avec sa vache si naïvement oublieuse des règles de la civilité puérile et honnête; le tableau du même représentant si dramatiquement dans une double scène contiguë, comme en une fable au pinceau, la guerre faite aux animaux par l'homme et les représailles des animaux contre le roi parfois peu paternel de la création; l'*Entrée de forêt*, de Berghem, et le *Tir à l'arquebuse*, de David Téniers, remarquable par le nombre et les proportions inusitées des figures, formaient comme le fonds classique de cette admiration, portée surtout vers ce qui peut s'aimer et s'admirer en même temps, donner à la fois un plaisir des yeux et du cœur, et surtout amoureuse de l'art inspiré par la nature, patriarcal, pastoral, moral et même un peu sentimental. L'école française n'était pas exilée; *les Quatre heures du jour,* de Claude Lorrain, et *le Pacha faisant peindre sa maîtresse,* de Carle Vanloo, attestaient la nationalité d'un choix que des préférences étrangères ne rendaient pas exclusif. Mais si Joséphine a pu paraître, dans ses prédilections hollandaises, indifférente à l'art français du seizième et du dix-septième siècle, son goût, ranimé par ce sentiment du devoir de la protection qu'elle avait à un si haut et si délicat degré, avait multiplié à la Malmaison, pour les meilleurs morceaux de l'école française contemporaine et vivante, les honneurs de l'hospitalité et les témoignages d'encouragement.

Parmi ces nombreux témoignages de la protection généreuse de celle qui s'honora du titre d'élève des Isabey, des Prudhon et des Redouté, fit de ces leçons le prétexte de ses bienfaits, et les prit pour maîtres afin de les avoir pour pensionnaires, on peut citer de Granet : *le Peintre français Stella dans les prisons de l'Inquisition, à Rome;* la *Mort de Raphaël,* de Bergeret; *les Nymphes,* de madame Mayer; l'*Intérieur de la salle du XIIIe siècle au Musée des monuments français,* chef-d'œuvre de Bouton.

La galerie de la Malmaison ne contenait pas seulement des tableaux, on y remarquait encore des statues et des antiques de toutes sortes, grecs, étrusques, égyptiens. Au milieu de cette collection brillaient une belle suite de bronzes et une série de vases peints, tribut des exhumations d'Herculanum et de Pompéi, ainsi que dix petits tableaux sur un enduit de ciment recouvert de stuc représentant Apollon Musagète et les neuf Muses; ce spécimen unique de l'art grec avait été offert en présent par le Roi de Naples à madame Bonaparte à son passage en Italie[1]. Pour obéir à une mode dont elle encourageait la délicate flatterie, Joséphine avait aussi réuni, par les soins et sur le choix de M. Denon, tout un groupe de ces dieux étranges, de ces idoles grotesques, de ces mystérieux hiéroglyphes de l'Égypte dont la nouveauté bizarre, mise en vogue par la gloire, avait pour elle l'attrait d'une sorte de souvenir.

L'histoire de la Malmaison ni même sa description ne seraient point complètes, si après le théâtre nous ne passions aux acteurs, c'est-à-dire si nous ne racontions pas ce qu'une tradition authentique, mêlée de souvenirs légendaires, nous a légué sur les personnages qui reçurent, de 1800 à 1814, l'honneur de cette hospitalité enviée, sur les scènes intimes, contre-coups d'événements publics, qui les eurent pour témoins, sur les actes solennels ou les

---

[1] Ces morceaux précieux, décrits dans le *Voyage* de l'abbé de Saint-Non, sont aujourd'hui au musée du Louvre.

mots caractéristiques qui se rattachent à cette villégiature fameuse de la Malmaison, à ce coin de
terre privilégié où aboutit pendant quelque temps
le mouvement du monde, à ce lac tranquille troublé par l'ébranlement de chaque tempête européenne, à ces arbres dont le vent a fait frémir les
feuilles avec tous les bruits de Paris, à cette table
du festin ou du conseil où la conversation a compté
de si brillants partenaires et la gastronomie de si
épicuriens convives, à ce clocher enfin (pour relever par une image sacrée tant de souvenirs profanes), dont la cloche a sonné dans le cœur de Bonaparte ému la grande réconciliation du Concordat.

1800, 1801, 1802 sont les trois années rayon-
nantes de l'apogée de la Malmaison, les trois étoiles
de sa couronne historique.

Dès que le Premier Consul eut pris possession
des Tuileries, il songea à se distraire, par la diversion d'une villégiature qui fût à la fois, comme distance, à quelques minutes, et, comme liberté et
délassement, à cent lieues de Paris, de la monotonie
et de la tyrannie de ce séjour triste et sombre
comme la grandeur. La Malmaison fut le sourire
et la joie du premier rang, la revanche des gravi-
tés et la vengeance des ennuis de son palais. C'est
là que Bonaparte se réfugia, élevant entre lui et

les fàcheux, les parasites, les pamphlétaires, le rempart de verdure et d'azur, de gaieté et d'oubli de son inviolable retraite, accessible seulement à la famille et à l'amitié. Dès le printemps de l'année 1800, jusqu'à l'estival Marengo, il inaugura l'habitude de passer à la Malmaison, avec une régularité d'écolier, les *jours de congé* arrachés au *collier de misère*, c'est-à-dire la soirée du nonidi, la journée du décadi et la matinée du primidi, soit le samedi, le dimanche et le lundi de chaque semaine. A son retour d'Italie, pendant le reste de la belle saison de 1800, il y revint plusieurs fois par semaine partager le séjour de Joséphine et d'Hortense, qui s'y étaient installées à demeure.

L'année 1801 fut marquée par la même assiduité et la même fidélité, qui se prolongent encore, durant la suivante, avec l'attiédissement progressif de l'habitude. L'Empire est trop grand pour une si étroite résidence. Saint-Cloud deviendra sa maison de campagne; mais l'Empereur le choisira surtout par une consolation délicate pour la résidence déshéritée de sa prédilection, mais non de sa faveur fondée sur un privilége indestructible, le souvenir des premiers jours de bonheur et de gloire. L'Empereur choisira surtout Saint-Cloud, à cause de la proximité de sa maison de cœur et de la facilité de communication que crée un voisinage dont on franchit l'étroit espace en un quart d'heure du trot d'un cheval.

A cette aube de l'Empire, martiale, joviale, cordiale, qu'on nomme le Consulat, à ce printemps du siècle et de la vie du grand homme qui le domine, c'est la Malmaison qui était le rendez-vous favori, l'habitation familière et rustique, le lieu de repos, de délassement et de liberté du Premier Consul; là il pouvait se promener, la ceinture dénouée, avec un groupe de compagnons choisis; là il pouvait sans contrainte épancher ses souvenirs, ses impressions, ses projets, et déployer cette fougue et cette verve qu'il portait en tous ses sentiments, joie et douleur, colère et bienveillance. Là il pouvait, sans être vulgaire, diriger ses maçons et ses jardiniers, discuter, sans être avare, avec Joséphine un budget d'un impossible équilibre, et finir par rire de l'inutile recherche d'un insoluble problème; là enfin il pouvait, dans ses conversations, goûter le plaisir de la contradiction, et dans ses confidences, braver le danger de la trahison. Là il gravait, dans l'arrangement intérieur, l'empreinte de sa volonté, de sa prévoyance, de son ordre, et marquait du coin de son génie les plus petites choses après les plus grandes, comme

Joséphine, dans le domaine des jardins, dont elle s'était réservé le gouvernement exclusif, laissait partout la trace de son cœur. Bourrienne nous a montré, par un contraste à la fois sublime et comique, le général d'Italie et d'Égypte, le héros victorieux de l'anarchie et conquérant de l'amour de la France, se délassant de ses actes à la César et de ses phrases à la Corneille pour calculer, plus riche de gloire que d'argent, les moyens de faire produire aux dépenses de la Malmaison un revenu de huit mille francs, qu'il escomptait déjà en espérance, et qu'il ne toucha jamais que sur le papier.

« Pendant les quatre ou cinq premiers jours que Bonaparte passa à la Malmaison, il s'amusait, après son déjeuner, à calculer le revenu de cette terre. Il n'oubliait ni le soin du parc ni les légumes du potager ; il trouvait dans ses comptes 8,000 francs de revenu. Ce n'est pas mal, me disait-il, mais pour l'habiter il faudrait avoir 30,000 livres de rente. Je riais beaucoup de le voir sérieusement appliqué à ce travail [1].... »

Il n'y persévéra point, les prodigalités décoratives, horticoles, artistiques et charitables de Joséphine ne lui laissant aucune illusion à l'égard de ces chimériques revenus et de ces paradoxales économies. La Malmaison ne devait rapporter au

[1] *Mémoires de Bourrienne*, t. III, p. 224.

Premier Consul que du repos et de la santé, et à Joséphine que des occasions de satisfaire son goût pour les fleurs et son goût pour les bonnes actions. Quel plus beau revenu, après tout, que celui de ces hospitalières et charmantes dépenses : des amis au mari, des clients à la femme ? Ne rions pas de cette stérilité des villégiatures, riches en souvenirs pour l'histoire et en intérêts pour le Ciel.

Parcourons maintenant successivement, en faisant leur histoire après avoir fait leur portrait, et en les racontant après les avoir décrits, les lieux qui furent le théâtre et quelquefois la cause ou l'occasion de ces prodigalités heureuses, de ces dépenses fécondes, de ces débauches de gaieté, d'éloquence, de cœur et d'esprit. Dans le parc, le jardin, la bibliothèque, le théâtre, la galerie, partout nous trouverons la trace d'un personnage ou d'un événement, et nous ne pourrons avancer d'un pas sans faire lever, comme une alouette, quelque sémillante anecdote.

Le parc et le jardin rappellent surtout le génie féminin du lieu. Joséphine, son cœur, son esprit, sa grâce, sa bonté, et les innocents défauts qu'elle mêlait à tant de qualités, tout cela revit et respire en quelque sorte dans ces lieux si pleins d'elle, de ses promenades nonchalantes, de ses attentes inquiètes, dont l'attentat de nivôse et ceux qui le suivirent ne justifiaient que trop la sollicitude parfois importune, que Bonaparte se faisait un jeu d'émouvoir, de ses bonnes fortunes de charité, de ses conquêtes et de ses victoires d'acclimatation.

C'est dans ce parc qu'on vit à la fois des troupeaux de mérinos sur la colline, des vaches suisses dans les vallées, des gazelles broutant au cytise, des ibis juchés dans les roseaux, et, glissant gracieusement sur la rivière, des cygnes noirs de la Nouvelle-Hollande, espèce inconnue à Buffon, et avant lui si rare, au dire satirique de Juvénal, qu'il n'y avait de plus rare qu'une femme sage.

C'est dans ce jardin, dans cette serre, qu'ont fleuri pour la première fois des plantes dont Joséphine a la gloire charmante d'avoir apprivoisé la sauvagerie, fortifié la délicatesse et popularisé l'élégance : non point toutefois l'*hortensia* ou hydrangée des jardins, connue depuis longtemps des Hollandais et des Anglais qui l'avaient apportée du Japon, et que Commerson, qui l'a décrite le premier, baptisa galamment du nom de la femme de son ami, le célèbre horloger Lepaute, mais bien d'autres plus importantes et plus authentiques conquêtes.

Parmi les fleurs introduites et propagées par les cultures de la Malmaison, on peut citer de nombreuses bruyères, l'hibiscus, le phlox, de belles variétés de myrtes, de géraniums, de mimosas, de cactus et de rhododendrons. Une des plus belles variétés de dahlias porte le nom significatif de « coquette de Rueil. » C'est aussi la gracieuse protection de Joséphine qui a signé le brevet du catalpa et du camellia, à la vogue bien antérieure à M. Lautour-Mézeray, dont tout le mérite consiste à avoir inauguré la mode passagère de l'exhiber à la boutonnière de l'habit de gala.

Si l'on veut apprécier à sa véritable valeur la curiosité féconde, la libérale initiative de Joséphine et ses heureux résultats pour les progrès de la botanique et l'encouragement des arts, il faut feuilleter ce magnifique recueil, chef-d'œuvre de la plume de Ventenat et du crayon de Redouté, monument vraiment digne de sa dédicace et de son sujet : *Le jardin de la Malmaison* [1].

Cette collection du *Jardin de la Malmaison* comprend, pour les trois volumes, cent quatre-vingt-quatre numéros ou espèces différentes, la

[1] T. Ier, *Jardin de la Malmaison*, par E. P. Ventenat, de l'Institut national, l'un des conservateurs de la bibliothèque du Panthéon. Paris, 1803. De l'imprimerie de Crapelet. — T. II, même titre (1804), imprimé par Herhan. — T. III, *Description des plantes rares cultivées à Malmaison et à Navarre*, par Aimé Bonpland. Imp. Didot, 1813.

plupart entièrement nouvelles, et ayant fleuri pour la première fois dans les serres magnifiques dont le Jardin des plantes ne pouvait être que le plagiaire. Chaque notice est accompagnée d'une planche reproduisant en grandeur naturelle, sur le dessin de Redouté, chacune de ces plantes, tribut de la flore des cinq parties du monde, surtout des maternelles Antilles, dont Joséphine garda toujours la secrète nostalgie, entourant de préférence tous ses séjours des couleurs familières et des parfums typiques du pays natal absent. Les fleurs n'ont pas été ingrates envers celle qui les aima tant, et plus d'une d'elles, choisie par des botanistes reconnaissants, porte traditionnellement à la postérité, avec un parfum, le nom béni de la bienfaitrice des plantes. MM. Pavon et Ruiz, dès la première année du siècle, avaient dédié tout un genre, dans leur *Flore du Brésil et du Chili,* à madame Bonaparte, sous le nom de *Lapageria.* Dans son second volume, M. Ventenat s'empresse de suivre un exemple qu'il n'a pas osé devancer; et il baptise solennellement du titre de *Josephinia-Imperatricis* une charmante fleur de la famille des bignones, qui venait de fleurir pour la première fois de graines apportées de la Nouvelle-Hollande.

Joséphine, qui ne voyait le bonheur qu'à le partager, ne voulut point d'un honneur solitaire , et elle désigna elle-même au botaniste, pour porter le nom de son glorieux époux, une espèce curieuse , également originaire de la Nouvelle-Hollande, dont les feuilles répandaient l'odeur de la sauge , et dont les fleurs roses retombaient en gracieux panache, comme la tige de maïs [1]. Mais ce nom lui-même n'était plus disponible. Déjà MM. Pavon et Ruiz avaient introduit dans la flore du Pérou le nom de *Bonapartea*, et déjà celui de *Napoleona* s'épanouissait dans la flore d'Oware et de Bénin, par les soins de M. Palissot-Beauvais. Le jardin des étiquettes latines étant, par ces deux priorités importunes, fermé au nomenclateur, force lui fut de recourir au grec et de voiler d'un pénible rébus son tardif hommage. Et voilà comment sortit, après une laborieuse gestation, de son cerveau aux abois, le nom de *calomeria* (*calos*, bon ; *méris*, partie). L'embarras d'un savant est souvent tout un comique poëme.

Le bon Ventenat, patriarche de la section des sciences de l'Institut, se relève de cette petite mésaventure par la gravité concise et la noble galan-

[1] Aubenas, *Histoire de l'impératrice Joséphine*. T. II, p. 145.

teric de cette épitre dédicatoire, vraiment fort bien
tournée :

« MADAME,

» Vous avez pensé que le goût des fleurs ne devait pas
être une étude stérile. Vous avez réuni sous vos yeux les
plantes les plus rares du sol français. Plusieurs même,
qui n'avaient point encore quitté les déserts de l'Arabie
et les sables brûlants de l'Égypte, se sont naturalisées
par vos soins, et maintenant, classées avec ordre, viennent présenter à nos regards, dans le beau jardin de la
Malmaison, le plus doux souvenir des conquêtes de votre
illustre époux, et la preuve la plus aimable de vos stu-
dieux loisirs.

» Vous avez bien voulu me choisir, Madame, pour
décrire ces différentes plantes et faire connaître au public les richesses d'un jardin qui égale déjà ce que l'Angleterre, l'Allemagne et l'Espagne nous offrent de plus
curieux en ce genre. Daignez agréer l'hommage d'un
travail entrepris par vos ordres. Si, dans le cours de cet
ouvrage, je viens à décrire quelqu'une de ces plantes
modestes et bienfaisantes qui semblent ne s'élever que
pour répandre autour d'elles une influence aussi douce
que salutaire, j'aurai bien de la peine, Madame, à me
défendre d'un rapprochement qui n'échappera point sans
doute à mes lecteurs. »

Ce délicat éloge de l'historiographe scientifique
du jardin fameux de M. Cels, rival un moment de

celui de la Malmaison, mais bientôt glorieusement éclipsé, était doublement mérité, car Joséphine non-seulement étendit sur les fleurs et sur les maîtres de l'art de les connaître, et de l'art de les peindre, Ventenat et Redouté, une délicate et généreuse protection ; mais encore, ce qui est plus rare, elle consacra à ce goût, à ce culte plutôt, une sollicitude constante, une activité infatigable et exceptionnelle. Dans l'intérêt de ses chères collections, sa joie et son orgueil, elle fit trève à ces habitudes de nonchalance et d'insouciance qu'excusaient l'influence d'un sang créole et les nécessités d'un rang qui fait parfois un devoir de l'indifférence et un besoin de l'oubli. C'était devenu aux Tuileries et à la Malmaison une chose proverbiale, un mot d'ordre des convives et des hôtes. Il était deux moyens excellents de faire sa cour à la maîtresse de la maison : seconder son goût pour les fleurs, ou servir les intérêts de ses pensionnaires et de ses pauvres, moyennant quoi on était sûr de lui être agréable. Si on avait de l'instruction et de l'esprit par-dessus le marché, tout était pour le mieux. Elle aimait mieux une fleur qu'un bijou, et n'en portait guère d'autres, naturel ornement de sa grâce, plus belle encore que la beauté. Une plante inconnue en France, dont on lui offrait à propos

la surprise, une acclimatation hardie dont on favo-
risait la conquête, une racine, une graine, apportées de loin et transportées soigneusement à son intention à travers les fatigues d'un long voyage :
c'étaient là, vis-à-vis d'elle, les présents bienvenus,
les hommages distingués, les plus agréables flatte-
ries. Elle récompensait le renseignement ou le don
du plus gracieux sourire et du touchant spectacle
de son attendrissement au souvenir du pays natal
ou de l'éclat d'une joie enfantine. Aussi il ne se
passait guère de jours sans que quelque voyageur
payât à cette passion si féminine à la fois et si
royale, à cette noble manie, le tribut de la reconnaissance de la science, et tint à honneur de
décorer la serre de la Malmaison d'un trophée odo-
rant de ses découvertes lointaines. Pas un marin ne
mettait à la voile pour une expédition sans recevoir
de son ministre, à la suite des instructions officielles, une recommandation pour la collection privilégiée. La maternelle Martinique ne laissait point
partir un bâtiment sans envoyer des arbustes, des
graines, des fleurs et des fruits à son illustre fille.
La guerre même suspendait ses rigueurs en faveur
de ce goût inviolable, et le prince régent d'Angleterre faisait galamment parvenir à leur adresse tous
les envois de plantes expédiés à Joséphine de tous

les points du globe qui tombaient entre les mains de ses croiseurs. « J'ai reçu pour toi de *Londres*, écrit le Premier Consul à sa femme, alors aux eaux de Plombières, des plantes que j'ai envoyées à ton jardinier [1]. » Et c'était un ennemi qui renvoyait courtoisement à leur destination ces plantes égarées, que Ventenat enregistrait, et que peignait Redouté! Le premier volume de la *Description* de toutes ces merveilles florales parut en 1803, avec cette épigraphe des plus justifiées :

· « Si canimus sylvas, sylvæ sint consule dignæ. »

Le second parut l'année suivante, à l'aube de l'Empire, dont le rayonnement transforma les modestes fonctions de Ventenat en ce titre éclatant de *botaniste de S. M. l'Impératrice et Reine*. Chargé de travail et d'honneurs, le bon savant n'avait plus qu'à mourir, et la mort, en effet, glaça aux premières pages du tome III sa main enorgueillie. Son successeur, par le choix de la récente Impératrice, fut M. Aimé Goujaud-Bonpland, compagnon de voyage de M. de Humboldt, qui publia en 1813 le troisième et dernier volume du Recueil consacré

---

[1] *Lettres de Napoléon à Joséphine*, du 27.... an IX (1801). Didot, t. I, p. 111.

aux serres de la Malmaison, en sa qualité d'*intendant des jardins impériaux* et de directeur de ces collections, accrues successivement d'un cabinet d'histoire naturelle, d'une ménagerie d'animaux non féroces, et d'une bergerie modèle.

Au sortir de la serre, dont nous n'aurons plus à parler, une autre belle publication, due au comte Alexandre de La Borde, et inspirée en partie par le souvenir reconnaissant de l'hospitalité de la Malmaison, nous offre l'image exacte du parc et des jardins en 1807, et va nous servir de guide dans cette flânerie aux réminiscences anecdotiques, où, après la promenade d'ensemble et la visite sommaire, nous entraînons le lecteur sur les traces illustres et les vestiges du passé [1].

---

[1] *Description des nouveaux jardins de la France et de ses anciens châteaux.* Paris, 1808, imprimerie de Delance. Dessins de Bourgeois. In-folio. Cet ouvrage, véritable livre d'or des belles résidences champêtres du commencement du siècle, nous promène successivement dans les châteaux de la Malmaison (*ab Jove principium*), Morfontaine, Ermenonville, Méréville, Saint-Leu, Mousseaux, Brunehaut, Tracy, l'ermitage du Mont-d'Or, le Plessis-Chamant, le Raincy, Trianon, le Désert de Monville, Guiscard, Maupertuis, le Rœulx, Crillon, Betz, le Marais, Lormoy, Prulay, Courteille, Jouy, Rambouillet, et au jardin typique de Bel-OEil, œuvre du prince de Ligne. Quatre modestes maisons champêtres qu'illustre

C'est dans le parc que se concentrait, durant ces longs séjours champêtres de 1800 à 1803, animés par la triple ivresse de la jeunesse, de la gloire et de l'amour, la vie extérieure de ces hôtes parfois folâtres dont Bonaparte, s'arrachant à ses pensées souveraines, ne dédaignait pas de partager les conversations, les promenades et même les jeux. Chaque allée a sa trace illustre qu'aucun vent n'a pu effacer, chaque arbre a sa légende toujours verte, de chaque roche sort un mot célèbre à l'éternel écho. Ces murs, ces prés, ces bois, ces eaux, ce livre de marbre, de verdure et d'azur, il contient l'histoire domestique et familière du Consulat à cette époque charmante du renouvellement des idées, des modes et des mœurs. On remplirait un volume de ces souvenirs sur lesquels on marche à chaque pas, de ces images qu'évoque la pensée, de ces confidences que mur-

seulement le nom de leurs habitants : la maison de campagne de Molière, celle de Jean-Jacques à Montmorency, de Bernardin de Saint-Pierre et de Chateaubriand, complètent cette revue des plus beaux châteaux et jardins de France, suivie d'un traité sur la matière où les préceptes de l'expérience et du goût sont réalisés et pour ainsi dire dramatisés par des exemples et des modèles gravés auxquels s'adaptent d'ingénieuses fiches mobiles, qui varient les formes et les effets comme des décors de théâtre.

mure la brise, de ces traditions qu'on respire avec
le parfum des fleurs, dans ces lieux où il restera
toujours quelque chose de Bonaparte et de Joséphine, dont la solitude est pleine de leur présence
et où le silence parle d'eux.

Voilà le carrefour du chemin de la Malmaison
où, pour peu que Bonaparte fût en retard, Joséphine inquiète envoyait à sa rencontre une avant-
garde d'amis et de serviteurs dévoués, chargés d'é-
clairer son arrivée et de surveiller les abords du
château. Bonaparte n'accueillait pas toujours avec
un sourire goguenard les manifestations de cette
sollicitude parfois importune et de ce zèle parfois
indiscret, et l'escorte officieuse, chargée de le pro-
téger par l'appréhension d'une femme trop impres-
sionnable, ne tremblait pas chaque fois devant le
froncement de sourcil du consul mécontent. Le
plus souvent le maître de la Malmaison, heureux de
se retrouver dans cette atmosphère sereine, amie,
fidèle, prenait en riant ce qu'il considérait comme
une erreur et non plus comme une faute, et punis-
sait Joséphine de ses terreurs exagérées en la rail-
lant avec toute la verve facétieuse et toute la malicieuse bonhomie qu'il mettait, quand il le voulait,
dans ces scènes improvisées, conduites et mimées
par lui avec une perfection d'acteur. La comédie

finissait par les larmes de Joséphine, qui sentait vivement le reproche de cette clémente ironie dont Bonaparte, lui-même attendri, abrégeait le supplice en embrassant la belle boudeuse et en la remerciant ainsi d'un dévouement respectable jusque dans ses écarts. Pouvait-il exister une religion trop vigilante de cette précieuse vie, et n'était-il pas permis d'entourer de gardiens, au risque de lui déplaire, cet homme providentiel que la haine aveugle des partis environnait d'ennemis? La conspiration de l'affection ne devait-elle pas contrebalancer celle de la haine? Comme pour justifier ces craintes et ces précautions, la découverte d'un complot récent n'avait-elle pas établi le rôle fatal que de sinistres projets réservaient à cette chère Malmaison, dont l'innocent attrait devait offrir aux conjurés un appât d'autant plus irrésistible qu'il ne pouvait être suspecté? Ainsi, dans leur infernale audace, ces misérables acharnés à frapper dans la vie de son sauveur la vie même de la France, abusaient, par une multiple trahison, des occasions les plus sacrées, et rendaient la pacifique nature et la tutélaire maison elle-même complices de leur fureur, poursuivant, heureusement toujours en vain, leur victime, désarmée par la sécurité, jusqu'à travers les ombrages familiers, cherchant jusque dans son jardin un poste favorable et aiguisant le poignard aux pierres de son abri[1].

D'autres souvenirs plus honorables pour l'humanité, et dont rien ne trouble la gaieté ou n'empoisonne l'émotion, ce sont ceux de ces promenades à travers la campagne environnante, si variée d'aspect, si coquette de points de vue, d'une physionomie si provocante et toujours nouvelle, promenades à l'aventure, au plaisir d'aller sans savoir où, que Joséphine ne goûtait pas moins que Rousseau, et d'où il était rare qu'elle revînt sans la découverte d'une misère à soulager, la trouvaille d'une infortune imméritée, le butin d'une bonne action. La mémoire des lieux, demeurée fidèle, à travers le malheur et le temps, à la bienfaitrice du pays, a conservé mille anecdotes de ces promenades caractéristiques où la recherche d'un point de vue pittoresque, d'une figure originale, servait de prétexte à une préoccupation charitable, où une curiosité insouciante dissimulait une impatience généreuse, où le besoin de se bien porter

---

[1] *Rueil, le château de Richelieu, la Malmaison,* etc., p. 259 à 262. — On lit au tome III des *OEuvres du comte Rœderer,* p. 363, dans un résumé des divers complots tramés avant le 3 nivôse : « A l'époque du retour d'Italie, projet le le tuer avec une espingole sur le chemin de la Malmaison. »

couvrait le besoin de faire le bien. Ici, c'est une course matinale à Saint-Germain qui s'arrête à point à moitié chemin pour sauver un fermier de l'encan ou un industriel de la banqueroute. Là, c'est Joséphine qui descend de calèche pour dire un bonjour amical au bonhomme Crochard, le menuisier de Croissy, patron de l'*apprenti* Eugène de Beauharnais, trouvant aux mauvais jours de la Terreur un asile dans une boutique, cachant sous le tablier de serge de l'atelier son innocente aristocratie et apprenant, en faisant un métier, à faire son devoir. Une autre fois, c'est la mésaventure de la mort d'un porc vagabond, écrasé par mégarde par son cocher et exposé à dessein peut-être par un garde spéculateur à un accident toujours lucrativement réparé. Joséphine paye sans marchander les vingt-cinq louis expiatoires qui lui sont demandés, et gronde le lendemain son intendant qui a fait rendre gorge au plaignant. Pour « la bonne Joséphine », comme ses ennemis eux-mêmes l'appelleront plus tard, un abus vaut mieux qu'une rigueur; l'illusion du bien lui suffit, à défaut de sa réalité, et, quoi qu'il en coûte à sa bourse, elle ne veut pas avoir perdu sa journée dans ces excursions salutaires pour sa santé, mais surtout douces à son cœur.

C'est dans le parc et les jardins de la Malmaison, surtout sur le vert champ de bataille de la pelouse, propice à ces malignes stratégies et à ces souples manœuvres, qu'avaient lieu ces fameuses parties de barres auxquelles la cour naissante du Premier Consul se livrait avec l'élan folâtre d'un pensionnat en vacances, et où Bonaparte lui-même quittant un moment les combinaisons où s'agitait le sort du monde, délassait son corps et distrayait son génie à la poursuite d'une victoire qui lui était librement disputée. Toute la société de la Malmaison prenait parti activement ou contemplativement dans ces joutes juvéniles. Madame de Montesson, tout étonnée, malgré l'habitude que sa vie avait dû lui faire de ne s'étonner de rien, de voir lutter pour le prix de la course celui sur le front duquel elle avait posé, dans une visite à Brienne, sa première couronne et qui allait ceindre celle du monde; madame Campan, surveillant dans leurs plaisirs ces charmantes élèves dont la plupart lui avaient déjà échappé par le mariage; madame de Permon, madame de Vaines, madame de Vergennes, mesdames Méchin, Visconti, Hamelin, de Chastulé, — de La Rochefoucauld, de Luçay et quelques généraux trop rudes ou quelques conseillers d'État trop graves, qui ne savaient plus s'amuser et craignaient de paraître trop jeunes, prenaient place sur les bancs de gazon réservés aux juges du camp. Et la partie s'engageait entre des adversaires dont chaque décadi variait le personnel, mais dont la tête comprenait d'un côté mesdames Bacciochi et Leclerc, la belle et vive Caroline, femme, depuis 1800, du général Murat; Désirée Clary, mariée au général Bernadotte, dont Bonaparte, au retour d'Égypte, avait tenu aux fonts baptismaux le fils aîné; madame Lannes (née de Guéhenneuc); madame Junot (née de Permon); madame Duroc, fille du riche banquier espagnol Hervas; madame Davoust (née Leclerc); madame Savary, de la famille de Faudoas, alliée à Joséphine; mesdames Bessières, Lavalette (Émilie de Beauharnais), Lauriston, Mortier, Bourrienne, Marmont, mariées dès avant l'expédition d'Égypte. Dans le groupe des plus alertes, des plus joyeuses, des plus heureuses de vivre et de rire et de sauter, on distinguait Hortense, en qui s'épanouissait, avec un charme printanier, la triple supériorité de la beauté, de l'esprit et du cœur, Hortense, la meilleure élève de madame Campan, la filiale pupille du paternel Bonaparte, la première au concours, la première au théâtre quand elle jouait Esther au milieu des applaudissements, la première aussi aux barres où son corps semblait avoir des ailes ; et, faisant un amical cortége à cette Grâce au front de Muse, ses compagnes préférées : Charlotte Bonaparte, fille de Lucien, plus tard princesse Gabrielli, Églé et Adèle Auguier, les deux nièces de madame Campan, toutes deux destinées à être, comme leur mère, les touchantes victimes d'un sort tragique, Églé qui devait être la maréchale Ney, princesse de la Moskowa ; sa sœur, madame de Broc, précocement ensevelie dans un abîme des Hautes-Pyrénées, et tant regrettée de tous et surtout d'Hortense ; madame Cochelet, Sophie de Barbé-Marbois, future duchesse de Plaisance ; Anna Leblond, future belle-sœur de l'infortuné général Duphot ; mesdemoiselles Clarke, de Lally-Tollendal, Victorine Victor, Nancy, Macdonald ; les petites-filles de madame de Genlis, qui devaient s'appeler l'une madame de Celles, l'autre la maréchale Gérard ; mademoiselle Isabey, mademoiselle Élisa Monroë, fille du futur président des États-Unis.

Le côté des hommes se composait de Lucien, déjà ministre, auquel le devoir et le péril n'avaient rien fait perdre d'un esprit prime-sautier et d'une gaieté pleine de saillies, et qui, au Plessis-Chamant, aidait lui-même ses aides de camp à faire des niches au bon d'Offreville ; Louis, fait colonel du

5e régiment de Paris, nature douce et grave qu'effarouchaient quelque peu ces bruyants ébats ; le pétulant et petillant Jérôme, en qui éclatait avec une fougue toute juvénile la séve de sa race ; Eugène, déjà chevaleresque et patriarcal à la fois et mêlant déjà les palmes d'Égypte aux lauriers d'Italie ; MM. de Lauriston, Isabey, Didelot, de Luçay, Bourrienne, et la plupart des maris ou des futurs maris des jeunes femmes ou des jeunes filles que nous avons nommées.

Un témoin oculaire a raconté, avec cette vivacité de la première impression que rien ne remplace, ces tournois irréguliers de vigueur et d'adresse aux incidents imprévus, aux passagers conflits, aux chutes étourdies tachant de vert les robes blanches et poudrant les cheveux de poussière, aux gageures comiques, aux espiègles pénitences, aux triomphes couronnés de fleurs.

« La lutte est engagée : bientôt deux files de prisonniers se déroulent de part et d'autre ; mais le nombre est égal, la victoire indécise ; c'est le moment de frapper le grand coup ; la garde va donner, Bonaparte s'élance, avec quelle vigueur, quelle impétuosité ! Hortense est poursuivie, elle s'épuise en détours, en ruses de guerre ; mais la voilà perdue... quand le Premier Consul, rencontrant sous ses pieds une racine cachée dans l'herbe, s'étend tout de son long sur le champ de bataille ; un cri s'élève ; mais Bonaparte se relève avec de grands éclats de rire, et se livre aux vainqueurs. Les chutes imprévues l'arrêtaient presque toujours au milieu du triomphe, et devenaient une source de plaisanteries aussi bruyantes qu'inoffensives.

» Venait alors l'échange des prisonniers ; de là grande querelle ; il fallait deux ennemis pour le rachat du Premier Consul et trois au moins pour Hortense, dont l'intrépidité connaissait peu de bornes.

» Ces différences constituaient, à proprement parler, toute l'aristocratie de la Malmaison [1]. »

Puis c'était, après les haltes à l'ombre des lutteurs essoufflés et essuyant à leur front la sueur du combat, et les cercles des belles rieuses s'asseyant toutes palpitantes et éventant leur visage empourpré, une collation en plein vent, patriarcale, frugale, joviale, dont le lait et les fruits faisaient tous les frais.

L'année 1802 ne vit point se renouveler les parties de barres et de colin-maillard de 1801, ou du moins le Premier Consul, retenu malgré lui à l'écart par les soucis de son gouvernement, les scrupules de sa grandeur naissante et la pudeur de son génie, ne prit plus part que d'un sourire toujours bienveillant, mais d'un coup d'œil distrait, à

---

[1] *Mémoires de Bourrienne.*

ces ébats trop familiers, incompatibles avec les inexorables nécessités du rang. La loi d'un respect dont ses plus proches devaient donner l'exemple ne pouvait se plier même à ces inoffensives suspensions, durant lesquelles celui qui gouvernait la France était exposé comme un autre à être fait prisonnier par la main d'un aide de camp ou à perdre pied au rire des jeunes filles.

Alors sans doute commença la vogue de ces bals intimes ou champêtres, amusement plus tranquille où la galanterie et la décence reprenaient tous leurs droits sans que la gaieté perdît un seul des siens. Accepté comme une compensation par Hortense, il le fut comme une revanche par Joséphine, dont la danse, animée de la grâce créole unie à la vivacité française, attirait des applaudissements qu'elle ne repoussait pas, heureuse et fière de ce triomphe qui la faisait l'unique rivale de sa fille et l'embellissait au point de la faire paraître sa sœur.

La duchesse d'Abrantès nous a laissé un léger croquis, animé du frémissement des souvenirs personnels, des *sauteries* du dimanche, qui s'agitaient le plus souvent sur le tapis vert de la pelouse, sous ce bouquet d'arbres à gauche, tour à tour salle de bal et salle à manger ou salle de concert, avec la lune pour lustre, les étoiles pour bougies, le jardin pour cadre, et son orchestre domestique jetant dans la brise parfumée ses bouffées d'harmonie mêlées au rire des jeunes filles.

« Rien n'était charmant à voir comme un bal de la Malmaison, composé de cette foule de jeunes femmes que la famille militaire du Premier Consul venait de mettre dans le monde, et qui formaient dès lors, sans qu'elle en eût encore le nom, la cour de madame Bonaparte. Toutes étaient jeunes, beaucoup étaient jolies, et lorsque cette belle troupe était vêtue de robes de crêpe blanc, garnies de fleurs, coiffée de guirlandes aussi fraîches que le teint de ces jeunes visages riants, gracieux et beaux de gaieté et de bonheur, c'était un charmant et remarquable coup d'œil de voir la danse animée et joyeuse de ces salles, que parcouraient en même temps le Premier Consul et les hommes avec lesquels il pesait la destinée de l'Europe [1]. »

Tout en favorisant ces ébats et ces jeux, image et récompense de la sécurité publique, et tout en encourageant cette restauration sociale dans ses manifestations les plus futiles, Bonaparte ne négligeait aucun de ces côtés plus sévères de son œuvre qui touchaient à l'éducation et aux mœurs. Il voulait des femmes aimables, mais il les voulait estimables aussi, d'une grâce capable de gravité et

[1] *Mémoires de madame d'Abrantès,* t. III, p. 329.

toujours gardées par la pudeur. Le mot d'ordre des réceptions du Premier Consul, propagé courageusement par l'exemple de Joséphine, et qui fit reculer dans l'ombre l'archaïsme prétentieux et les nudités effrontées du Directoire, fut celui-ci : la soie et les modes décentes ; et c'est en voyant danser ces jeunes filles que le témoin bienveillant et pensif de leurs innocents divertissements songeait à l'avenir et formulait en deux mots d'un éloquent laconisme tout le programme de cette éducation des femmes suivant les besoins nouveaux, que madame Campan devait s'illustrer à réaliser à Écouen.

« Ce sont des mères que je vous prie de m'élever ; elles seules forment les hommes et assurent les mœurs d'un pays [1]. »

C'est la reine Hortense qui nous a répété ce précepte, dont elle devait être l'exemple.

Cette courte et grave conversation avec madame Campan au bruit des rires et des violons, nous rappelle cet autre entretien fameux, familièrement commencé et solennellement achevé. Un soir que le Premier Consul se promenait avec Thibaudeau dans l'allée des marronniers en fleurs, il se sentit

[1] *La reine Hortense en Italie, en France et en Angleterre pendant l'année* 1831. *Fragment de ses Mémoires inédits,* p. 276.

peu à peu entraîné par cet enivrement d'harmonie et de paix que respire la nature au clair de lune : *per amica silentia lunæ*, à ces souvenirs et à ces impressions d'enfance, dont le tintement d'une cloche lointaine accompagne si bien la mélancolique douceur. Ils marchaient tous deux lentement dans cette sérénité parfumée à la fois par les girandoles roses des marronniers qui s'égrenaient sur leurs têtes, et par la tendre odeur des violettes qui mouraient sous leurs pieds. Quand la cloche de Rueil sonnant le retour des champs ou l'*Angelus* timide encore, fit entendre son appel commémorateur, pour la seconde fois celui qui roulait déjà dans sa tête le plan du Concordat se sentit doucement atteint au cœur, et il dit à son interlocuteur, pensif comme lui :

« J'étais ici dimanche dernier, me promenant dans cette solitude, dans ce silence de la nature. Le son de la cloche de Rueil vint tout à coup frapper mon oreille ; je fus ému, tant est forte la puissance des premières habitudes et de l'éducation ! Je me dis alors : Quelle impression cela ne doit-il pas faire sur les hommes simples et crédules ! Que vos philosophes, que vos idéologues répondent à cela ! Il faut une religion au peuple [1]. »

Mais nous voici rentrés au château et parcourant

---

[1] Thibaudeau, *Mémoires sur le Consulat*.

ces appartements historiques pour leur demander
le secret de cette vie intérieure si libre, si familière,
si gaie de 1800 à 1803. Ce ne sera pas sans avoir
jeté sur le panorama verdoyant des jardins et du
parc, par les yeux mêmes de M. de La Borde, un
dernier coup d'œil d'ensemble.

« Il est dans les jardins, comme dans les autres ouvrages des hommes, un certain ordre, un certain plan
qui plaît à l'œil, de même qu'un raisonnement juste
satisfait l'esprit. Si ces qualités n'existent pas, quelque
belle que soit d'ailleurs une habitation, on éprouve à sa
vue un mécontentement vague, dont on découvre bientôt le principe. C'est là l'effet que produisait à la Malmaison toute la partie du parc qui avoisinait le château
avant les changements qui viennent d'avoir lieu, et qui
ne laissent plus rien à désirer. La vue, interceptée jadis
par des massifs lourds et épais, n'est plus aujourd'hui
arrêtée que par de légères plantations, qui laissent devi-
ner ce qu'elles voilent. La superbe futaie, dégagée de
broussailles et d'arbres jusqu'au sommet de la mon-
tagne, découvre à ses pieds un gazon superbe, qui ne
pouvait croître lorsqu'il était privé d'air. L'œil pénètre à
travers ces quinconces naturels de grands arbres, où le
soleil produit mille effets différents ; telles sont les belles
parties des parcs anglais, qui, ménagées de la sorte,
paraissent doubles de ce qu'elles sont. Au milieu de ce
tableau s'élève un temple d'où partent toutes les sources
qui circulent dans le parc. Cette fabrique est composée

de quatre colonnes de marbre brun et rappelle, par sa forme et sa structure, le joli temple de *Clitumnus*, au pied duquel sortent les eaux du fleuve qui baigne les belles campagnes de l'Ombrie. A droite on découvre les coteaux situés sur l'autre rive de la Seine, et dans le lointain l'aqueduc de Marly, qui couronne à l'horizon tout ce tableau. Je doute qu'on puisse réunir à une vue plus étendue des effets de plantation plus agréables... »

Voulez-vous maintenant avoir une idée des habitudes de ce séjour et de cet attrait original, imprévu, contraste avec le prestige de son génie, de son pouvoir et de sa gloire, de Bonaparte heureux, souriant, familier, se plaisant à tout et plaisant à tout le monde ? Voici à cet égard le témoignage de M. de Meneval, son second secrétaire, qui venait d'entrer en fonctions à la place de M. de Bourrienne :

« Cette vie patriarcale avait de l'attrait pour lui. Il paraissait vraiment un père au milieu de sa famille. Cette abnégation de sa grandeur, ses formes simples et nobles, les manières séduisantes et la gracieuse affabilité de madame Bonaparte, avaient un charme inexprimable. Je ne revenais pas de ma surprise en voyant cette simplicité de mœurs dans un homme qui de loin paraissait si imposant. Je m'attendais à des brusqueries, à des inégalités d'humeur. Au lieu de cela, je trouvais Napoléon patient, indulgent, facile à vivre, nullement exigeant, d'une gaieté assez souvent bruyante et railleuse, et quelquefois d'une bonhomie charmante ; mais cette familiarité n'éveillait pas l'idée de la réciprocité. Il voulut que je me misse tout à fait à mon aise. Aussi, dès les premiers jours, je n'éprouvai plus avec lui la moindre gêne ; je n'avais plus peur de lui, j'étais entretenu dans cette disposition d'esprit par tout ce que je voyais de ses manières enjouées et affectueuses avec Joséphine, du dévouement empressé de ses officiers, de la bienveillance de ses rapports avec les consuls et les ministres[1]... »

C'est le même témoin, si intime, si honnête et si sûr, qui nous rend compte de l'emploi ordinaire des journées à la Malmaison pendant la première moitié du Consulat, et du programme habituel de « cette vie de château ».

La première condition d'une bonne hospitalité, c'est le respect absolu de la liberté de l'hôte. Jusqu'à onze heures, moment du déjeuner commun, présidé par madame Bonaparte et sa fille, chaque invité se conduisait suivant son humeur et sa fantaisie, affranchi de toute obligation importune de représentation, de tout joug indiscret d'étiquette. On restait chez soi à humer l'air du printemps ou on allait errer à travers « le thym et la rosée », selon son gré. La réunion du matin gardait en-

[1] Meneval, t. I, p. 138.

core un certain sans-façon familier. Le Premier
Consul déjeunait seul dans son appartement. On
ne le voyait guère avant l'heure du dîner, à moins
que l'après-midi ne fût consacrée à ces promenades
à cheval ou en barque qu'affectionnaient Joséphine
et Hortense, intrépides et gracieuses amazones et
non moins gracieuses et intrépides batelières, em-
pressées à faire à leur cortége les honneurs de
quelqu'un des sites voisins dont la variété ne permet que l'embarras du choix. Bougival, l'île de
Croissy, Chatou, Luciennes, Nanterre, Colombes,
Saint-Germain, les bois de la Celle, l'étang du
Butard ou de Saint-Cucuphat, le château de Buzenval, les restes du palais et des jardins de Richelieu, étaient tour à tour le but de ces excursions
équestres ou nautiques à travers les beautés de la
nature, les souvenirs de l'histoire et les débris de
l'art.

Pendant ce temps Bonaparte travaillait, délibé-
rait avec ses conseillers, dictait des ordres et des
lettres, lisait assis sur le seuil de son cabinet, ou,
les mains derrière le dos, méditait péripatétique-
ment en arpentant son petit jardin particulier, où
se jouaient au soleil ses gazelles apprivoisées,
vivant souvenir de la campagne d'Égypte.

Si l'on ne quittait point le parc et les jardins,

les nombreuses visites à recevoir, une conversation sans cesse renouvelée par les arrivants, em-
pressés autour du cercle des belles lectrices ou des
belles brodeuses, faisaient doucement couler le
temps au bruit de la cascade.

Le dîner était régulièrement servi à six heures
précises, soit dans la salle à manger, soit sur la
pelouse, et réunissait autour de la même table tous
les hôtes du château, et ces aides de camp et secrétaires qui, avant de faire partie de la cour,
firent, pour ainsi dire, partie de la famille. Le mercredi était réservé au dîner d'apparat, auquel as-
sistaient les deux Consuls, les ministres et les diplomates ou voyageurs désignés. Au sortir de table,
on se dispersait dans le parc par groupes amis, par
bandes sympathiques. On rentrait à la tombée de
la fraîcheur et de l'ombre, et la conversation, le
concert ou le jeu, offraient à chacun un délassement suivant son goût. On s'installait tantôt, si la
société avait un caractère exclusivement intime,
au premier étage, dans ce salon de Joséphine, au
meuble brodé de sa main, qui y avait tracé, sur un
fond de soie blanche, sa double initiale en forme
d'ancre, enlacée de roses pompons; tantôt, aux
soirs plus cérémonieux, dans la galerie aux Potter,
aux Téniers, aux Berghem, aux Claude, où rayon-

naient de la beauté antique le *Paris* et la *Danseuse* de Canova [1].

Le Premier Consul et ses invités jouaient au reversi, aux échecs, au trictrac, et il se plaisait à mettre à l'épreuve, par d'innocentes et de malicieuses tricheries, la patience de Joséphine, qui aimait à goûter sérieusement ce plaisir frivole. Des intermèdes de musique formaient à ces parties animées une diversion très-goûtée de Bonaparte, dilettante passionné, et faisaient déjà briller le double talent de virtuose et de compositeur d'Hortense, qui chantait avec la voix proverbialement tendre et sympathique qui prêtait tant de charme à la conversation de sa mère. Parfois le Premier Consul, mis en verve, attirait à lui dans l'embrasure d'une fenêtre un interlocuteur, bientôt suivi de toute la compagnie, entraînée par ce talent prodigieux de conversation que déployait Bonaparte quand il était en verve et

[1] Nous ne citons point les morceaux moins célèbres de Cartelier, de Lemot, ni les tableaux de Vernet, de Taunay, de Richard. Le groupe des chefs-d'œuvre seul a été vendu huit cent mille francs à la Russie, et décore aujourd'hui la galerie de l'Ermitage, exil qui a arraché à M. Cousin ce patriotique regret : « C'est donc la vente de la galerie d'une impératrice qui, de nos jours, a enrichi la Russie, comme vingt-cinq ans auparavant la vente de la galerie d'Orléans a enrichi l'Angleterre. » (*Le Vrai, le Beau et le Bien*).

en humeur de quitter les graves entretiens pour les propos familiers, dans lesquels il excellait. Il avait alors un de ces succès de salon qui ne le cédaient point à ses triomphes du Conseil d'État ; dès les premiers mots de ces discours piquants, originaux, semés d'étincelantes saillies et d'aperçus profonds, la salle de billard devenait déserte, et les cartes ou les dés étaient abandonnés. La flatterie de cet hommage spontané, dans lequel le respect n'entrait pour rien, ne trouvait pas insensible celui qui en était l'objet, et était récompensée par un redoublement sans effort de bon sens et d'esprit. C'est encore M. de Meneval qui nous a conservé l'impression de ces laconiques dialogues, de ces brusques coups d'aile dans le souvenir ou la fantaisie, de ces subtils et éloquents essors, de ces mordants lazzi ou de ces récits humouristiques. Nul ne contait mieux que Bonaparte quand il le voulait bien, avec plus de feu, d'expression et d'art naturel.

« Il semait les trésors de sa féconde imagination dans des entretiens tantôt sérieux, tantôt enjoués, mais toujours pleins d'aperçus neufs et profonds.. Il se plaisait dans la discussion, sans imposer son opinion et sans prétention de supériorité d'esprit ou de rang. Quand il n'y avait que des femmes, il aimait à critiquer leurs toilettes, à raconter des histoires tragiques ou satiriques, des contes de revenants [1]... »

Un autre divertissement, qui doit avoir sa place dans une histoire intime de la Malmaison, car il y fut plus d'une fois la préoccupation du jour et l'événement du soir, c'est la comédie, jouée par une troupe recrutée parmi les habitants du château, devant un auditoire formé de ses hôtes. Le rendez-vous de ces séances dramatiques était la jolie petite salle de spectacle adossée à la galerie, et où la présence d'un public d'élite mais peu nombreux excitait l'émulation, sans trop intimider la modestie ni sans trop humilier la médiocrité.

La troupe de la Malmaison jouissait de la faveur spéciale du Premier Consul, persuadé avec raison de l'excellence, pour l'éducation nécessaire de la voix, du visage, du geste, de ces exercices dramatiques trop négligés par notre Université, où tous les grands établissements pédagogiques et toutes les grandes corporations enseignantes ont vu également une gymnastique intellectuelle et morale des plus fécondes, une école de prononciation, de maintien, d'expression, de dignité. Bonaparte, qui aimait ces jeux scéniques d'un amour tout italien,

[1] Meneval, t. II, p. 457 ; t. III, p. 10.

tout antique, tout royal, Bonaparte, l'ami de Talma
et le futur législateur du Théâtre-Français, sub-
ventionnait largement le théâtre de la Malmaison,
l'avait pourvu de décors, d'accessoires, et avait pris
le vestiaire à sa charge, présidant lui-même, avec
une expérience pleine de goût, aux détails de la
mise en scène et du costume. Il donnait volontiers
aux représentations le signal des applaudissements,
comme aux répétitions il gourmandait les retards
de paresse ou les manques de mémoire. Il prenait
souvent la peine de fixer le répertoire ; il rédigeait
l'affiche de la même plume qui avait servi aux pro-
clamations d'Italie, et le négociateur de Campo-
Formio, de Lunéville et d'Amiens condescendait
parfois jusqu'à reconquérir, par toutes les coquet-
teries de la bienveillance, un acteur démissionnaire,
dont l'absence pouvait tout entraver, à son rôle et
à son devoir.

C'est M. de Bourrienne qui s'est constitué l'historien de cette troupe illustre et peu connue, dont
Bonaparte fut l'impresario. *Les comédiens ordinaires de la Malmaison* étaient MM. de Lauriston,
Didelot, Isabey, Junot, Bourrienne, les deux frères
du Consul, Louis et Jérôme, et son fils adoptif,
Eugène. La troupe comprenait, parmi les dames,
mesdames Murat, Junot, Savary, Ney et Lavalette,

qui reconnaissaient sans jalousie la supériorité éclatante d'Hortense, la véritable *étoile* du théâtre de la Malmaison, où elle retrouva son succès des représentations du pensionnat de Saint-Germain. Elle y avait joué, à l'époque du retour d'Italie, *Esther*, suivant la pure tradition du Saint-Cyr monarchique, restaurée peu à peu par madame Campan, et avec des moyens, un talent, une grâce, une sensibilité dignes de l'interprète du rôle devant Louis XIV et devant Racine, la charmante madame de Caylus.

Mais il faut laisser sur ce détail, qu'il possède si bien, la parole à l'un des trois acteurs du théâtre de la Malmaison, dont la vie et les *Mémoires* ont en effet prouvé le talent pour la comédie.

« Le Premier Consul nous avait fait construire une fort jolie salle de spectacle... Les pièces qu'il aimait le plus à voir représenter par nous étaient *le Barbier de Séville* et *Défiance et malice*. Dans le *Barbier de Séville*, Lauriston jouait le rôle du comte Almaviva, Hortense Rosine, Eugène Basile, Didelot Figaro, moi Bartholo, et Isabey l'Éveillé. Notre répertoire se composait encore des *Projets de mariage*, de la *Gageure*, du *Dépit amoureux*, où je jouais le rôle du valet, et de *l'Impromptu de campagne*, où je représentais le baron, ayant pour baronne la jeune et jolie Caroline Murat.

» Hortense jouait à merveille, Caroline médiocrement,

Eugène très-bien, Lauriston était un peu lourd, Didelot passable, et j'ose assurer que je n'étais pas le plus mauvais de la troupe. Si d'ailleurs nous n'étions pas bons, ce n'était pas faute de bonnes leçons et de bons conseils : Talma et Michot venaient nous faire répéter, tantôt en commun, tantôt séparément... Nous avions, comme on dit en termes de coulisses, un matériel très-bien organisé ; Bonaparte nous avait donné à chacun une collection de pièces de théâtre très-bien reliées, et, protecteur-né de la troupe, il nous avait fait faire des costumes riches et élégants. Bonaparte prenait un très-grand plaisir à nos représentations ; il aimait à voir des comédies jouées par des personnes de son intimité ; quelquefois même il nous adressait des compliments. Quoique cela m'amusât autant que les autres, je fus quelquefois obligé de lui faire observer que mes occupations ne me laissaient guère le temps d'apprendre mes rôles ; alors il prenait ses manières caressantes et me disait : « Allons, laissez-moi donc tranquille, vous avez tant de mémoire ! Vous savez que cela m'amuse ; vous voyez bien que ces réunions animent et égayent la Malmaison ; Joséphine les aime beaucoup... Allons, Bourrienne, faites cela pour moi ; vous me faites tous rire de si bon cœur ! Ne me privez pas de ce plaisir-là ; je n'en ai pas trop, vous le savez bien. » — « Ah ! parbleu, ce n'est pas moi qui vous en priverai. Je suis charmé de pouvoir contribuer à vous égayer. » Et cela dit, je me remettais à étudier mes rôles [1]. »

1 Bourrienne, *Mémoires,* t. V, p. 24.

Les jours calmes, les jours sans bruit de billes de billard heurtées stratégiquement, les jours sans frôlement de cartes, sans intermèdes de harpe et de violon, sans représentation des comédiens ordinaires, la vie de la Malmaison, suspendue partout à l'extérieur, se concentrait dans la bibliothèque et dans le cabinet où le Premier Consul, après le diner, poursuivait solitaire quelque lecture hâtive et féconde, ou entraînait, pour discuter et délibérer, le groupe de visiteurs officiels et sévères venus de Paris pour travailler plus que pour se distraire.

La bibliothèque de la Malmaison fut d'abord confiée au Père Dupuis, ancien principal du collège de Brienne, homme simple et instruit avec lequel son ancien élève aimait à repasser les souvenirs de sa laborieuse et grave jeunesse. Par suite des mêmes réminiscences sympathiques, les concierges de Brienne, Hauté et sa femme, étaient devenus les concierges de la Malmaison et reliaient, en s'en étonnant tous les premiers, le passé obscur au présent si différent et à l'avenir plus différent encore.

Les pieuses recherches du fils de M. Barbier, le bibliothécaire de l'Empereur, qui continue dignement dans les mêmes fonctions l'honneur d'un nom à jamais cher à la science des livres, nous fournissent quelques-uns des éléments de cette histoire intime de la bibliothèque de la Malmaison, devenue le noyau de ces collections diverses systématiquement appropriées à ses goûts, à ses besoins, à ses travaux, et qui attendaient et suivaient partout un homme avide de savoir, d'une curiosité insatiable, d'une mémoire dont la puissance ne s'explique que par un permanent exercice et qui devait au perpétuel renouvellement de la lecture l'infatigable et inépuisable fécondité de son esprit. Bonaparte consul comme Napoléon empereur prenait un égal intérêt à la composition de ces bibliothèques encyclopédiques ou spéciales, de palais, de campagne, de voyage, de chevet, dont M. Barbier devait être le pourvoyeur toujours prêt.

L'illustre bibliographe, par suite d'une confiance qui l'honore et qui multipliait, comme des récompenses, les occasions de faire preuve d'un zèle sans erreur et sans défaillance, fut appelé à cumuler, à une époque où ces fonctions n'étaient pas une sinécure, la mission d'approvisionner de documents et de guides les délibérations du Conseil d'État avec la charge de conseiller littéraire des loisirs de Joséphine, et plus tard de Marie-Louise. Sa correspondance à l'occasion de ses fonctions complexes et multiples témoigne des préoccupations et des sollicitudes de Bonaparte, et porte l'empreinte de tous les événements contemporains, dont le contre-coup ébranlait chaque fois, dans l'esprit du Consul ou de l'Empereur, un irrésistible besoin de savoir, de comparer, de juger.

Nous y pourrions suivre la trace de chaque négociation ou de chaque guerre, le reflet de chaque question agitée, de chaque problème soulevé, et aussi le douloureux écho des plaintes contenues de Joséphine délaissée, la marque de ses larmes secrètes, l'ombre de son deuil résigné de veuve d'un époux vivant. Nous y trouverions tour à tour deux projets de bibliothèque portative écrits sous la dictée de Napoléon à Bayonne et à Schœnbrünn, en 1808 et 1809, et les lettres qui furent échangées à ce sujet ; nous y trouverions aussi une courte lettre qui semble ne contenir qu'une question et qu'un remercîment ; mais cette question est peut-être la révélation de tout un petit drame intime d'effort suprême, de dernière déception, de discret reproche, de touchant regret. Pour donner à la date de ce billet toute sa signification attendrissante, il suffit de se rappeler que le 15 décembre avait eu lieu la déclaration solennelle de ce divorce, douloureux et héroïque sacrifice de l'amour au devoir, et de la liberté du cœur à la tyrannie du rang. Jusqu'à la fin de ce triste mois, Joséphine à la

Malmaison, Napoléon à Trianon, étaient allés passer dans la solitude et la paix les jours de la première et plus cuisante blessure du déchirement. A la fin de février et au commencement de mars, Joséphine, que le séjour de la Malmaison, trop plein de ces souvenirs qui semblaient l'ironie du présent, ne pouvait consoler, était venue habiter le palais de l'Élysée, où, plus près de Napoléon, plus près de ce bruit de Paris qui l'empêchait d'entendre son cœur, elle pouvait s'accoutumer à la séparation, dans le voisinage même de celui qu'elle devait quitter, et à son absence par ses visites ; peut-être aussi, car jusqu'à la fin nous espérons toujours, se leurrer de la chimère d'un retour, toujours possible tant qu'un nouveau mariage n'aurait pas rendu irrévocable et irréparable l'acte du divorce.

Lue à travers toutes ces explications et comme sous l'éclair discret de ces derniers orages, cette lettre s'anime de je ne sais quel pathétique.

A M. BARBIER.

« Paris, le 22 février 1810.

» Sa Majesté me charge, Monsieur, de vous témoigner qu'elle a reçu avec plaisir le nouvel envoi de livres que vous lui avez adressé.

» Sa Majesté a distingué l'ouvrage qui a pour titre :

Un trait de la vie de Charlemagne. Elle désirerait savoir s'il a été mis sous les yeux de l'Empereur. Votre réponse à cette question, surtout si vous pouvez l'apporter vous-même, ferait plaisir à Sa Majesté. Agréez, etc.

» J. M. Deschamps,

« Secrétaire des commandements
de l'Impératrice Joséphine. »

Or le livre dont il s'agit, ce livre dont on était si curieux et si impatient de savoir s'il avait passé sous les yeux de l'Empereur, il est en ce moment devant nous, et nous le lisons avec un intérêt ému qu'il ne comporterait guère sans cette allusion dont il fut l'instrument, et le rôle touchant et suppliant peut-être, qu'il joua dans une des dernières scènes du drame du divorce. C'est un petit in-dix-huit, par une femme ou fille auteur, que la prudence ou la modestie condamnaient à l'anonyme (madame La-feuille). C'est le récit, sous la forme romanesque, de la répudiation d'Hermengarde, seconde femme de Charlemagne[1].

Cette digression, à laquelle nous nous sommes laissé naturellement entraîner par un souvenir

[1] *Souvenirs littéraires de l'Empire,* par M. Louis Barbier. *Spectateur militaire,* août et septembre 1852. Voir le même journal, t. XXXV, septembre 1843, p. 732, et t. XL, février 1846, p. 586.

qui se rattache à la bibliothèque de la Malmaison, ne doit pas nous éloigner plus longtemps de ce sanctuaire intellectuel, dernière station de notre pèlerinage anecdotique, de notre voyage dans le passé.

Là s'agitèrent, dans un conseil familier, toutes les grandes questions politiques, diplomatiques, civiles, religieuses, militaires, de cette époque de réorganisation intérieure, de lutte européenne expirant dans la victoire et de négociations de paix universelle, si féconde en questions, en événements et en résultats. Là est le cerveau, pour ainsi dire, de cette demeure historique du Consulat, dont le cœur est partout où Joséphine respire. Ici c'est le génie de Napoléon qui écrase tout autre souvenir. Partout ailleurs on sent la femme, ici c'est le dieu. C'est ici le rendez-vous de conversation des chaudes après-dînées de juin 1801. C'est ici qu'en se reposant on a tant travaillé et tant agi en ne semblant que délibérer. C'est ici qu'ont été dit enfin tant de grands mots devenus de grandes choses, axiomes traduits bientôt en ordres, avis réalisés aussitôt en mesures, prévisions justifiées par l'événement, ou seulement saillies d'humeur et de fantaisie échappées à l'électricité de la contradiction et destinées seulement à illuminer, étincelantes et fugitives fusées, le ciel de la spéculation.

On ne peut pas parcourir les *Mémoires* des hommes mêlés à ce grand mouvement de régénération et de gloire sans y trouver, croqués au vol, ces mots pleins d'idées, et, reproduits dans le frémissement de la vie par une mémoire religieusement fidèle, ces entretiens caractéristiques et laconiques, familiers ou solennels, où l'unité du génie s'anime de toute la variété de l'esprit.

Tantôt c'est Cambacérès qui, en son conseil privé, le 6 thermidor an VI, dit à Bonaparte : « Si vous permettez le travail le décadi et le repos le dimanche, tout le monde va faire le dimanche » ; et Bonaparte qui lui répond dans cette forme vive et pittoresque qui lui était propre : « Quand le Français est entre la crainte des gendarmes et celle du diable, il se décide pour le diable ; mais quand il est entre le diable et la mode, il obéit à la mode. Or, si le gouvernement se conduit bien, tout ce qu'il fera sera à la mode, et s'il fête le décadi, on le fêtera à son exemple[1]. »

Tantôt c'est avec Rœderer qu'il commence au cabinet une conversation trop longue pour être reproduite, qui se continue au jardin, et parcourt d'un essor familier les plus importantes questions

---

[1] *OEuvres du comte Rœderer*, t. III, p. 330.

financières et religieuses, en mêlant les faits piquants aux graves théories personnelles, aux souvenirs historiques[1].

Un autre jour, continuant par un nouveau succès ce qu'il appelait *son roman* (ce roman qui est notre plus belle histoire), il avait avec Mollien, plus tard chargé par lui de cette réorganisation des finances qui était impossible et qui se fit facilement, une de ces conversations si habiles dans leur bonhomie, si pleines d'art dans leur naturel, où il faisait à la fois en quelques coups la conquête de son interlocuteur et celle de son sujet, devinait ce qu'il ne savait pas et semblait l'avoir enseigné à ceux de qui il l'avait appris, par la fécondité de son interprétation et ce tour personnel et magistral qu'il donnait à la pensée des autres. M. Mollien la reproduit tout entière, comme la plupart de ceux qui ont eu la bonne fortune d'un entretien avec un tel causeur, et elle nous permet d'apprécier à cette heure unique et radieuse du premier feu, ce génie aux souplesses éblouissantes, aux fulgurantes vigueurs, dont la force était pleine de grâce et qui achevait la conviction par le charme[2]. Peu

---

[1] 18 août 1800. — A la Malmaison, au jardin, le 30 thermidor an VIII. *OEuvres du comte Rœderer*, t. III, p. 334.

[2] *Mémoires* du comte Mollien, t. I, p. 251.

d'hommes ont du reste mieux senti ou mieux peint que M. Mollien, en qui nous trouvons toute l'originalité de la justesse, ces entretiens où Bonaparte « employait si bien son temps tout en paraissant le perdre », et ces repas de la Malmaison, où la présence de Joséphine répandait « un charme de bienveillance » dont l'effet était rendu plus piquant par le contraste de cette alliance formée dans sa personne et celle de son époux, entre « le besoin de commander et le besoin de plaire[1] » et maintenue « par le pouvoir de la douceur[2] ».

Mais c'est à M. Rœderer, juge moins impassible, qu'il faut demander la formule de l'admiration sympathique, de la surprise enthousiaste, de la joie attendrie, du prestige mêlé d'attrait que répandait autour de lui, en ses conversations familières[3], en ses conseils solennels, en ces courts et sobres repas de la Malmaison, cet homme au pouvoir encore sans excès, à la gloire sans tache et au bonheur sans ombre, modeste dans sa vertu, doux dans sa grandeur, et gai dans sa gravité.

[1] Mollien, t. I, p. 276.
[2] *Ibid.*, t. I, p. 402.
[3] *OEuvres de Rœderer* (17 nivôse an IX), p. 366 du t. III; (4 pluviôse au IX), 24 janvier 1801, p. 376.

Voici quelques esquisses rapides de ce Bonaparte jeune et pur, de ce Bonaparte à la Malmaison, qui sont comme les éclairs de la vérité :

« Dans les discussions les plus abstraites, les plus embarrassées, il se retrouve toujours à l'une de ces deux questions : Cela est-il juste? cela est-il utile?

» Quand il dit : *Cela n'est pas juste*, sa voix a un accent tout particulier. Quand il l'a dit une fois, il le dit une, deux, trois fois, en donnant à chaque fois une nouvelle raison.

» Il n'est pas un homme de quelque mérite qui ne préférât près de Bonaparte l'emploi qui occupe sous ses yeux à la grandeur qui en éloigne, et qui, pour prix d'un long et pénible travail, ne se sentît mieux récompensé par un travail nouveau que par le plus honorable loisir.

» On le louait sans dessein, on le louait sans le vouloir, même malgré soi. On le louait par cela seul qu'on parlait de lui; il arriva qu'accablé de louanges, il se sentit quelquefois dans l'impossibilité de reconnaître les services, et la pudeur lui rendit jusqu'à l'amitié difficile.

» Cette tête rayonnante de gloire est remplie de soins et de travaux ; ses yeux, sans remarquer votre admiration, cherchent vos besoins, vos intérêts. Vos regards s'arrêtent sur lui, les siens cherchent pour vous ; et vous serez encore à vous entretenir de ce qu'il fit cette année, que, parvenu à la fin de celle qui s'écoule, il se montrera à vous couvert de nouveaux titres et de nouveaux droits à la reconnaissance [1]... »

[1] Rœderer, *OEuvres,* t. III, p. 380 à 383.

Tel était, tel a été, vu sans flatterie par un conseiller désintéressé, Bonaparte à la Malmaison, s'écriant, à propos des injures fâcheuses du Tribunat, le lendemain du jour « où le 18 brumaire lui imposa la restauration générale et le rendit esclave de la liberté publique : « Je suis soldat, » enfant de la Révolution, sorti du sein du peuple; » je ne souffrirai pas qu'on m'insulte comme un » roi[1] », démontrant, dans une digression sur l'histoire romaine qui en ressuscitait magiquement les figures et les causes, « que César n'a pas été tué pour avoir ambitionné la couronne, mais pour avoir voulu rétablir l'ordre civil par la réunion de tous les partis[2] » refusant des traditions du passé toutes celles qui avaient rendu l'autorité ridicule[3], donnant l'exemple de la probité conjugale et de la filiale déférence[4], fondant l'émulation nécessaire à la société nouvelle sur ce sentiment nouveau de l'honneur et signalant courageusement dans les vertus civiles les seules vertus du gouvernement[5]. Les dernières visites à la Malmaison, conseil tenu

---

[1] Rœderer, t. III, p. 377.
[2] *Ibid.*, p. 429.
[3] *Ibid.*, p. 430.
[4] *Ibid.*, p. 431.
[5] *Ibid.*, p. 444.

avec les consuls Lebrun et Cambacérès, Portalis, Muraire et Rœderer, et conseil secret des mêmes, sont notées par Rœderer, à la date du 3 thermidor an x (22 juillet 1802) et du lendemain 4 thermidor.

La solution des questions qui s'agitaient dans ces deux entrevues ne tarda pas à faire solennellement explosion dans le sénatus-consulte du consulat à vie (18 thermidor, 6 août 1802), première incarnation du prochain Empire; et c'est ce trait d'union entre le Consulat et l'Empire qui sépare la phase d'apogée de la Malmaison, bientôt abandonnée pour Saint-Cloud comme résidence officielle d'été, de la phase de déclin, d'où va se retirer le rayonnement de la figure de Bonaparte, et que n'éclairera plus que le reflet de la grâce et de la bonté de Joséphine. A cette joie des nouvelles grandeurs, troublée pour elle par des craintes superstitieuses et des pressentiments personnels plus fondés, se mêle déjà cette mélancolie prophétique que la future impératrice apportera jusque sur le trône où vont l'appeler l'affection et la reconnaissance d'un époux, chef d'État et chef de dynastie, que le malheur de sa stérilité obligera de l'en faire descendre. Et la reddition par l'Angleterre de la Martinique à la France ne fera que distraire passagèrement cette tristesse d'une grandeur précaire qui, en 1810, en deviendra la douleur et jettera sur les souvenirs de la Malmaison une ombre de regret.

Dès le Consulat à vie, en effet, commence pour Joséphine, menacée par la raison d'État, cette lutte domestique, cette épreuve intérieure dont son sourire pâli ne dissimulera pas toujours le secret. Les conversations dont Thîbaudeau a été le confident pour la postérité, les insinuations indiscrètes des uns, la pitié prématurée des autres, feront à l'épouse et à la mère dans Joséphine un intermittent supplice dont la blessure ne saignera pas toujours en dedans, et une anxiété cachée empoisonnera pour elle jusqu'à l'orgueil du triomphe impérial, jusqu'à ces plaisirs de la nature, jusqu'à ces joies de la charité qu'elle goûtait auparavant sans mélange à la Malmaison.

A partir de 1804, l'histoire de ce séjour des premiers jours d'amour, de gloire et de bonheur redevient tout intime, toute domestique, toute privée, bornée à son enceinte et à son horizon rétréci. Le monde ne tourne plus autour de la résidence progressivement éclipsée par le retour à la faveur et à l'éclat des grandes demeures monarchiques, dont le cadre sied mieux à l'Olympe impérial; c'est elle maintenant qui suit le déclin de l'unique affection qui lui soit demeurée fidèle et qui s'efface dans la modestie des maisons sans maître et des destinées sans avenir. Joséphine, dont ces préludes rapides, bientôt couverts par les acclamations qui la saluaient sur le trône, de la future disgrâce, avaient mûri l'esprit sans lui rien faire perdre de la grâce de son visage et de la bonté de son cœur, se montra aux premières réceptions des Tuileries enfin rouvertes aux étrangers de distinction, plus affable, plus élégante et plus aimable que jamais. Sa beauté, rehaussée par cette teinte de mélancolie qui ne la quitta plus, d'une sorte de majesté attendrie, sembla même augmentée, agrandie, à ceux qui, ignorants du chagrin secret qui en rongeait mystérieusement les sources, la virent alors passer comme une demi-déesse sous le rayonnement des lustres, ses blanches épaules épanouies au milieu des bouillons et des nœuds du corsage de sa robe de mousseline rose semée de fleurs [1].

A partir de l'automne de 1802, qui fut passé à Saint-Cloud au milieu de l'appareil renaissant des formes royales, audience du dimanche, messe solennelle à la chapelle, etc., le jardin et le parc de

---

[1] *Journal et correspondance* de miss Berry, édités par lady Theresia Lewis. London, Longmans Green and Cᵉ, 1865.

la Malmaison, sans être délaissés, ne jouirent plus que de visites de plus en plus rares, de séjours de plus en plus courts, dérobés non aux préférences, mais aux obligations nouvelles de celui qui avait illustré leurs ombrages. Pour Joséphine, elle profita souvent du voisinage et de l'occasion pour consoler par sa présence cette résidence toujours sa favorite, où la cour se montra moins, mais dont les malheureux prirent plus que jamais le chemin.

Et à ce propos, on a beaucoup parlé du budget de Joséphine, et le *Mémorial de Sainte-Hélène* lui-même a conservé la trace de certains reproches d'imprévoyance et de prodigalité qui se retrouvent dans la correspondance de Napoléon, dans la bouche duquel, avec les éloges dus à ses qualités, M. de Las Cases, confident de l'exil, a mis plus d'une fois la critique de ce défaut proverbial d'équilibre entre les dépenses et les recettes. Cette assertion a été rectifiée depuis, au moins quant aux chiffres involontairement mais fâcheusement exagérés des unes et des autres, sur la protestation de l'homme le plus compétent pour édifier là-dessus la postérité, le propre intendant de Joséphine, M. Ballouhey[1]. C'est à lui que nous devons

---

[1] *Lettre adressée le 16 mai 1827 à M. le comte La Valette*

la vérité vraie sur *l'actif* des revenus de l'Impératrice, et c'est aux registres de sa comptabilité, aujourd'hui déposés à la bibliothèque publique de Gray, que nous devons aussi la vérité sur son *passif,* et le secret, si honorable pour la mémoire de Joséphine, des prodigalités charitables qui le justifient. Joséphine, dont le cœur généreux n'avait vu dans le pouvoir que le droit de faire plus de bien, achetait sans marchander et donnait sans compter, et si elle payait fort cher ses chapeaux et ses robes, et ne regardait pas au prix d'un beau bijou, elle ne lésinait pas davantage quand il s'agissait d'un bienfait, et ne se refusait pas plus que ceux de l'élégance les plaisirs de la charité. Envisagés à ce point de vue, les comptes sur lesquels l'historien et le moraliste ont le droit de jeter un coup d'œil la louent, bien loin de l'accuser, et font un mérite de son désordre et une vertu de son imprévoyance.

Sur cette liste de ses pensionnaires particuliers, dont les spoliations de la Révolution et les déchéances de l'émigration avaient multiplié le nombre, on retrouve les meilleurs noms de France, qu'on

par M. Ballouhey, ancien secrétaire des dépenses de l'impératrice Joséphine. 1843, in-8°.

trouve aussi parmi ses fournisseurs ; et nous le di-
sons à la fois à l'éloge de Joséphine et des nobles
protégés dont cette Impératrice , qui avait traversé
les mêmes épreuves et connu la prison et la gêne,
soulageait la misère ou encourageait le travail. Son
goût savait choisir comme sa générosité ; c'est donc
un titre d'honneur d'avoir eu part aux bienfaits
qu'elle n'accordait qu'aux plus dignes dans cette
foule de nobles déclassés, dont le malheur immé-
rité faisait une élite, et nous ne sommes pas étonnés
que la publicité donnée à ces curieux et tou-
chants détails du budget de Joséphine n'ait excité
aucune susceptibilité ni soulevé aucune récla-
mation [1].

Il résulte des comptes de M. Ballouhey que depuis le commencement de l'an xi (1802) jusqu'à la
fin de 1809, c'est-à-dire pendant sept ans, le budget de l'impératrice Joséphine ne dépassa pas le
chiffre de 5,354,435 fr. 44 c., sur lequel il lui était
assez difficile d'économiser les 50 à 60 millions
que le passage hyperboliquement erroné du *Mémorial,* contre lequel protesta, jusqu'à rectifica-
tion, le fidèle intendant avocat de sa mémoire, lui
reprochait de n'avoir pas laissés. La vérité est que

[1] *Monde illustré,* n° 492, 15 septembre 1866.

l'Impératrice ne connut jamais ce vain et stérile équilibre réservé aux gestions égoïstes ; qu'elle considéra toujours comme le nécessaire de son rang, ce superflu de l'aumône et du bienfait auquel se rapportent ces prodigalités qui furent surtout de généreux sacrifices, qu'elle s'oublia elle-même à force de se souvenir des autres, et que si elle ne laissa pas aux siens un héritage de millions, elle leur légua du moins un capital de bénédictions et de reconnaissance, dont la postérité leur paye les intérêts avec usure. La vérité est enfin qu'après le divorce, elle se trouva réduite à restreindre encore ses libéralités, à abandonner avec le trône à Marie-Louise sa feuille de charité, et d'abdiquer ses pensionnaires en même temps que ses sujets : unique et innocente vengeance dont la nouvelle souveraine eut le bon goût d'accepter l'hommage, remplaçant, en cela comme en tout le reste, Joséphine sans la faire oublier.

Ces secours, ces pensions, ces bienfaits d'éducation et de protection ne furent pas pour Joséphine le seul moyen d'acquitter la dette du souvenir et du rang envers cette aristocratie dépouillée dont elle s'était constituée la Providence. Quand elle ne donnait pas son argent aux anciens compagnons de la bonne et de la mauvaise fortune, elle leur don-

naît son cœur, étendant jusque sur les aveugles,
les coupables, les ingrats, l'éloquence de son in-
tercession, le bienfait de ses prières, le pouvoir
de ses larmes, rendant la vie, après l'arrêt de
mort, à ces conspirateurs condamnés, qui s'appelaient M. de Polignac ou M. de Rivière, sauvant
les biens de Moreau, à défaut de l'honneur qu'elle
ne pouvait lui rendre, demeurant jusqu'au bout,
pendant le Consulat et pendant l'Empire, à l'admiration de Napoléon désarmé par sa médiation
tutélaire, à la reconnaissance universelle, la Clémence à côté de la Justice, la Pitié à côté de la
Force, et éteignant sans cesse des larmes du pardon
les foudres vengeresses.

Ces dramatiques scènes de supplication et de
grâce, les voyages triomphaux de Normandie, des
côtes de la Manche, de Belgique, où Joséphine
partagea en l'embellissant la gloire de son époux,
les conflits domestiques, les intimes orages, soule-
vés dans une famille que la grandeur de son chef
remplissait d'ambitions et de rivalités, par l'appro-
che de la proclamation de l'Empire, et la pensée
du divorce éclatant pour la seconde fois, par une
ironique fatalité, la veille même du sacre; tous
ces événements, toutes ces émotions remplissent
de leur contraste de joies et de douleurs, d'es-

pérance et de déception, de défaite et de victoire, pendant l'année 1804, le cœur et la vie de celle dont l'histoire est l'histoire même de la Malmaison. Dans le cours souvent troublé de cette vie agitée, ce n'est plus la maison de retraite et de sérénité qui réfléchit son image. Les jours de solitude et de paix sont passés! Désormais Saint-Cloud aux solennels ombrages, bientôt Fontainebleau aux olympiennes beautés, enfin les sombres Tuileries, forment le fond grandiose et sévère de cette existence vouée à la majesté. La Malmaison porte la peine de son intimité, chère aux modesties du Consulat, incompatible avec l'orgueil de l'Empire. Pendant cet intervalle de six ans qui sépare pour Joséphine l'élévation de la chute et le triomphe de la disgrâce, c'est à peine si les annales, jadis si remplies, de la première résidence de Bonaparte se pourraient rouvrir pour quelques anecdotes privées comme celle de la petite mésaventure dont Bouilly fut le héros et plus tard le narrateur [1]. Un dernier éclat de gloire jeté sur cette déchéance est dû à la délicate et paternelle sollicitude du pape Pie VII, qui, dans ses présents de bienvenue au couple impérial qu'il venait sacrer, n'oublia

---

[1] Bouilly, *Mémoires,* t. II, p. 352.

point la Malmaison, qu'il sembla consacrer aussi par le don gracieux de deux vases antiques d'un admirable travail, l'honneur de sa galerie[1].

O leçon des fortunes humaines! Rien ne sépare, dans le cadre logique de cette histoire de la Malmaison, l'épisode de son avénement de celui de sa chute. Ces sept années, stériles pour elle, n'y ont pas laissé de trace. Le malheur sera plus fécond que la prospérité, et nous allons retrouver à la fois, rapprochées par la disgrâce, Joséphine et la Malmaison.

C'est à la Malmaison que Joséphine vivait tristement, en 1809, en proie aux craintes, aux soupçons, aux pressentiments qui l'avaient déjà agitée lors de la campagne de Pologne en 1807 et de l'entrevue d'Erfurth, et sentait se rouvrir la blessure faite à son cœur à Fontainebleau, par l'indiscrète ingratitude de Fouché, négociateur sans mandat d'un divorce dont la paix triomphante de Tilsitt et la sécurité qu'elle créait pour l'avenir avaient permis d'ajourner la nécessité. Mais en 1809, Napoléon, victorieux encore et en paix enfin avec l'Autriche, comme il l'était avec la Russie, sentait pour ainsi dire changer déjà la fortune. Le permanent avertis-

____
[1] Thiers, t. V, p. 253.

sement des dangers de la guerre ou des tentatives de la trahison lui avait fait sentir enfin le néant de cette vie, dont un poignard peut trancher le fil, et pour la première fois, devant l'image, évoquée par ses veilles, de la France rassasiée de gloire et épuisée de sang, de l'Europe vaincue mais non domptée, il avait senti la nécessité implacable, inexorable, pressante, d'assurer l'avenir de son œuvre, de rassurer le pays inquiet, de fournir des gages à la famille des rois en faisant de la paix une alliance, en se donnant par un hymen politique et fécond la joie d'un fils pour son cœur, et pour son esprit la sécurité d'un héritier. Le 21 octobre, de Munich, l'Empereur, enfin décidé à la chose qui lui coûta le plus au monde, affliger celle qui ne lui donna jamais de chagrin et dont la gloire conjugale peut être formulée dans cet éloge de Napoléon lui-même, lui écrivait ce court et sec billet, digne avis d'un rendez-vous de mauvaise nouvelle, où Joséphine arrivait en effet déjà désolée :

« Mon amie, je pars dans une heure, je serai arrivé à Fontainebleau du 26 au 27 ; tu peux t'y rendre avec quelques dames... »

« NAPOLÉON. »

Le récit détaillé de ce pathétique épisode du

divorce, déjà effleuré par nous par anticipation, n'entre point dans le cadre étroit et le ton familier d'un travail du genre du nôtre. Il nous a suffi de signaler, par un rapide coup d'œil, les circonstances impérieuses et les motifs sacrés qui rendirent cette douloureuse épreuve inévitable pour restituer ainsi son vrai caractère à une séparation imposée uniquement par la raison d'État et qui honore les deux parties autant qu'elle les affligea, nous montrant Napoléon aussi bon que ferme, aussi doux que grand, et Joséphine poussant jusqu'à l'héroïsme l'effort du sacrifice et la vertu de la résignation, et grandissant de toute la hauteur d'une telle chute.

L'apparition de Joséphine, intrépidement résignée, et cachant les traces de la douleur intérieure sous un héroïque sourire, au *Te Deum* solennel du 3 décembre 1809, en actions de grâces de la paix de Vienne, et au bal du même jour à l'Hôtel de ville, la déclaration solennelle du divorce le 15 décembre, l'émotion sincère et le regret attendri qui interrompirent plus d'une fois l'Empereur lisant la formule d'un sacrifice qui coûtait tant à son cœur, le courage et l'abnégation pleine dé dignité de la victime, s'immolant à la fois comme épouse, comme reine et comme femme, sans un reproche et sans une défaillance, les marques de mutuelle affection survivant à la séparation volontaire qui suivirent cette abdication, constituent les scènes du drame le plus noble et le plus émouvant qui ait jamais été agité entre des têtes couronnées. Nous ne les déflorerons pas d'un récit incomplet; nous jetterons sur ces nobles douleurs et sur ces sublimes tristesses un voile de respect, et nous suivrons au dénoûment, courtisan de la plus touchante des retraites et de la plus majestueuse des déchéances, Joséphine à la Malmaison.

Elle dut quitter bientôt ces lieux témoins de tant de bonheur, et reculant devant l'épreuve, trop forte pour les premiers temps, d'un séjour où tout renouvelait la tristesse de la renonciation, elle porta successivement et tour à tour son exil volontaire à l'Élysée, à Navarre, à Aix en Savoie, sur les bords du lac de Genève, jusqu'à ce que, le fiel du calice bu jusqu'à la dernière goutte, il n'y demeura plus que ce miel du devoir accompli qui est au fond de tous les sacrifices. Alors, forte de la sympathie universelle, rafraîchie, rajeunie, vivifiée par cette grâce d'apaisement et d'harmonie qui suit tous les orages vaillamment supportés, Joséphine revint à la Malmaison, au milieu d'une cour faite de ses enfants et de ses amis, et consolée par la nature,

l'art et la charité, elle porta dignement, courageusement, presque gaiement, le deuil d'un sublime veuvage, adouci par la confiance de Napoléon. Ses délicates prévenances, ses lettres, parfois
même ses visites, attestent la permanence de son
estime et la fidélité de son amitié. Plus forte même
contre l'épreuve de son malheur que sa légitime rivale ne le fut contre celle de son bonheur, Joséphine
poussa l'intrépidité de l'abnégation jusqu'à vouloir
connaître, embrasser, aimer le Roi de Rome, né de
cette union qui l'avait détrônée, ne lui laissant
que la couronne de la popularité et la royauté
du bienfait, tandis que Marie-Louise n'osa jamais
affronter le spectacle de la Malmaison, pleine du
pouvoir d'une autre et rayonnante d'un passé qui
ne lui appartenait pas.

A partir de la fin de 1811, Joséphine vécut tranquille, honorée, dans une condition à la fois royale
et privée, tantôt à Navarre, qu'elle passa trois années à restaurer et à embellir avec ce goût exquis
dont elle avait déjà fait preuve à la Malmaison,
tantôt dans cette dernière résidence, augmentée
alors de la bergerie modèle, et devenue le rendez-
vous habituel de ses artistes favoris et de ses fidèles
savants, Isabey, Redouté, Lenoir, Bonpland. Elle
y faisait préparer sous ses yeux, dans le perpétuel

encouragement de sa bonté, la perpétuelle inspiration de sa grâce, le troisième volume de la collection des *Jardins de la Malmaison et de Navarre,* et un recueil gravé de ses antiques, notamment de ses beaux vases étrusques, dont les matériaux avaient été réunis par M. Lenoir, et qui n'a jamais vu le jour. La reine Hortense, dont l'affection filiale s'augmentait encore de la similitude de sa destinée, éprouvée aussi par la séparation et l'abdication, avec la destinée maternelle, et ses deux enfants, qui passaient souvent des semaines entières à la Malmaison; les parents et alliés de sa double famille, Tascher et Beauharnais; son voisin Masséna, qui avait acheté et fait réparer à son usage l'aile encore debout du château de Richelieu; l'archichancelier Cambacérès, qui avait combattu le divorce, les artistes que nous avons précédemment nommés, les jeunes filles dont Joséphine aimait à s'entourer, qu'elle faisait élever par les meilleurs maîtres dans l'art du chant, et qui lui donnaient le soir de petits concerts accompagnés par le piano ou la harpe, au bruit desquels elle veillait délicieusement : tels étaient les hôtes qui formaient le fonds habituel de la société de la Malmaison ou l'animaient de leurs visites. Tous étaient témoins de cette religion de souvenir, de ce culte d'admiration dont Joséphine entourait, à défaut de lui-même, l'image de celui dont l'absence était la douleur de la Malmaison, comme sa présence avait été son orgueil. Quelques passages des *Souvenirs* d'une femme attachée à sa personne nous feront apprécier cette touchante et poétique sollicitude si digne du cœur d'une femme ; pieuse illusion, généreuse vengeance :

« L'Impératrice avait conservé pour l'Empereur, même après le divorce, un véritable culte ; elle n'avait point permis que l'on dérangeât une chaise de l'appartement occupé par lui, et au lieu de l'habiter, elle avait préféré être fort mal logée au premier. Tout était resté exactement dans le même état que lorsque l'Empereur avait quitté son cabinet ; un livre d'histoire, posé sur son bureau, marqué à la page où il s'était arrêté ; la plume dont il se servait conservait l'encre qui, une minute plus tard, pouvait dicter des lois à l'Europe ; une mappemonde, sur laquelle il montrait aux confidents de ses projets les pays qu'il voulait conquérir, portait les marques de quelques mouvements d'impatience, occasionnés peut-être par une légère contradiction. Joséphine seule s'était chargée du soin d'ôter la poussière qui souillait ce qu'elle appelait *ses reliques*, et rarement elle donnait la permission d'entrer dans ce sanctuaire. Le lit romain de Napoléon était sans rideaux ; des armes étaient suspendues aux murailles, et quelques pièces de l'habillement d'un homme éparses sur les meubles. Il semblait qu'il fût prêt à entrer dans cette chambre d'où il s'était banni pour toujours [1]... »

L'histoire de Joséphine n'est plus mêlée à celle de Napoléon, à l'heure des revers et des désastres, que par son anxiété, sa douleur, son patriotisme, l'héroïque fidélité d'Eugène et le touchant dévouement d'Hortense, échos de ses propres sentiments. L'appel si éloquent adressé au vice-roi d'Italie par ordre de Napoléon, le 9 février 1814, est écrit de la Malmaison et signé de Joséphine, qui se résigna à l'absence de son fils avec la même abnégation qui avait dicté son obéissance à l'ordre de l'inviter à ne pas quitter l'Italie, lorsque la victoire du Mincio et les succès de Champaubert, de Montmirail, de Château-Thierry, de Vauchamps et de Montereau firent croire l'Empereur à l'apaisement de la fatalité, au retour de sa fortune, à la possibilité de vaincre et de triompher par ses propres forces, et modifièrent ses premiers projets. Le 28 mars, la lutte, un moment suspendue par les préliminaires avortés de Châtillon, recommençait désormais implacable, et les armées coalisées envelop-

---

[1] *Mémoires sur l'impératrice Joséphine,* par madame Ducrest; édit. Barba, p. 66.

paient les environs de Paris, resserrant à marches forcées ce réseau d'investissement. La capitale sans Napoléon, dont l'absence laissait ce grand corps sans âme, trompait ses prévisions en n'arrêtant l'invasion que par une molle défense, sur laquelle tranche le désespoir héroïque de quelques résistances isolées ; et, malgré les exhortations de la reine Hortense, courageusement obstinée à attendre et à espérer une diversion de salut, malgré l'instinctive opiniâtreté avec laquelle le Roi de Rome refusait de quitter son palais, le conseil du gouvernement prenait le parti d'envoyer à Blois l'Impératrice régente et son fils. Ce départ prématuré entraînait la capitulation fatale, et au moment où Napoléon arrivait à Fontainebleau pour dégager Paris, les alliés y faisaient leur entrée.

L'impératrice Joséphine, retirée à Navarre, y fut rejointe enfin par la reine Hortense, et c'est là que toutes deux apprirent par M. de Maussion, envoyé par le duc de Bassano de la part de l'Empereur, puis par mademoiselle Cochelet, les suites successives de la catastrophe qu'il n'avait pu prévenir, ses vaines tentatives pour reprendre la capitale, trahie par la défection de Marmont qui avait trouvé trop d'imitateurs, l'abdication, l'exil à l'île d'Elbe. Joséphine trouva, au milieu de sa douleur, une sorte de joie secrète à ces tristes nouvelles. Napoléon, devenu malheureux lui semblait plus à elle ; elle allait pouvoir l'aimer pour lui-même. L'impatience de son dévouement, qu'il fallut arrêter, donnait à l'indifférence de Marie-Louise un exemple qu'elle ne suivit pas, mais dont la leçon reste à l'honneur de Joséphine, prête à suivre le chemin de l'exil, tandis que Marie-Louise prenait la route de Vienne. C'est le cœur plein de l'amertume de cette dernière déception, adoucie par l'impuissante fidélité de celle qu'il avait abandonnée, que Napoléon, en partant le 21 avril pour l'île d'Elbe, s'écriait, en proie à un regret qui ressemble à un remords : « Elle avait raison ; de l'avoir quittée m'a porté malheur[1] ! » L'impératrice Joséphine retourna vers le même temps à la Malmaison où la rappelaient le vœu de ses amis et l'espoir d'être utile, et où elle fut rejointe par la reine Hortense, dégagée, par la froideur de l'accueil de Marie-Louise à Rambouillet, de sa fidélité à une souveraine infidèle.

Cependant les vainqueurs, inexorables contre un seul homme, cherchaient autant que possible à atténuer, en en adoucissant les conséquences pour une famille innocente et populaire, l'effet d'un

[1] *Mémoires de mademoiselle Cochelet*, t. I, p. 289.

succès fait de désastres, et à réhabiliter en quelque sorte leur triomphe. Des propositions détour-
nées, bientôt converties en directes avances, témoi-
gnèrent de l'estime des souverains alliés, surtout
de l'empereur Alexandre, pour celle qu'il appelait
avec tout le monde « la bonne Joséphine, » et pour
ces enfants si dignes d'elle et toujours supérieurs
à la fortune. Une première entrevue à la Malmaison, acceptée par Joséphine dans l'unique intérêt
de l'époux que le malheur lui permettait de défendre, et où la reine Hortense se montra d'une
réserve dont la délicate fierté redoubla l'estime et
la sympathie du monarque, eut lieu, bientôt suivie de plusieurs autres. Dans ces visites à la Malmaison, puis à Saint-Leu, inspirées par le même
désir de réparation, le courtois empressement
d'Alexandre finit par triompher des susceptibilités
d'un désintéressement qui préférait la pauvreté à
un bienfait et l'exil à un service, mais qui ne pouvait refuser ce qui était offert, non comme une
grâce, mais comme un droit.

Les généreuses intentions d'Alexandre, contra-
riées par la réaction royaliste, trompées par des
scrupules diplomatiques décevants ou des intrigues
intéressées, n'aboutirent guère qu'à de stériles
promesses ou avortèrent dans de dérisoires effets,

et l'empereur de Russie, le roi de Prusse, les
princes et les grands-ducs leurs fils, après avoir
donné l'exemple d'un hommage qui honore encore
plus ceux qui en furent l'objet que ses auteurs, ne
surveillèrent pas assez l'exécution de ce contrat
spontané de leur bienveillance. De là, pour le
prince Eugène, pour la reine Hortense, pour Joséphine surtout, une incertitude d'abord et des décep-
tions ensuite, dont le poids, chaque jour augmenté,
devait flétrir et briser sourdement l'organisation vi-
vace, mais délicate, de cette dernière. A la voir em-
pressée, affable, toujours aisée, toujours souriante,
promener les conquérants dont elle avait fait la conquête à travers les enchantements de son hospitalité,
nul n'eût pu soupçonner les profonds et déjà irré-
parables ravages, dissimulés avec une coquetterie
héroïque, de cette triple angoisse de la reine, de
l'épouse, de la mère, qui allaient tuer Joséphine.
Aux fêtes du 15 mai à Saint-Leu, aux promenades
aux bois de Montmorency, le lundi 23 mai à la
Malmaison, le 28 mai, jour d'une nouvelle visite
d'Alexandre, l'Impératrice, bien que déjà pénétrée
jusqu'aux moelles du mal qui allait l'emporter, se
montra toujours la même, doucement rebelle aux
sollicitudes croissantes de ses enfants et indifférente en apparence aux avertissements inquiets et

aux pronostics funestes des médecins. Ce n'était
qu'une indisposition, disait-elle, un peu de fatigue,
d'oppression, d'abattement; et, pour mieux leurrer les siens, elle ne donnait que des soins appa-
rents à ce qu'elle voulait leur voir prendre jusqu'au
bout pour une apparence de maladie. Peut-être
aussi d'ailleurs, avec l'insouciance de son tempérament et de son caractère de créole, ne croyait-
elle pas elle-même au danger et était-elle sincère
en le niant. Peut-être enfin, avec le stoïcisme de
sa superstition légèrement fataliste, se résignait-
elle à un sort irrévocable, et à l'accomplissement de la seconde partie de la prophétie de la
vieille négresse, qui l'avait initiée, enfant, à sa
destinée, avertissement renouvelé et confirmé à
l'époque de son second mariage [1]. Quoi qu'il en

[1] « Joséphine parlait souvent d'une prédiction qui lui avait
été faite avant son second mariage par une bohémienne;
celle-ci lui avait annoncé « qu'elle deviendrait plus grande
» qu'une reine et qu'elle mourrait dans un hôpital. » La dernière partie de cette prophétie, disent les gens crédules, s'est
accomplie à la lettre, sinon en esprit, car la Malmaison,
comme son nom l'indique, dut être dans l'origine une demeure
pour les malades. J'ai entendu parler de cette prédiction dès
1802, et par conséquent avant sa mort et avant qu'elle fût
élevée au rang d'impératrice. » (*Souvenirs de lord Holland*,
édit. Didot, p. 164.)

soit, le 28 mai, il était déjà trop tard, et, en présence des symptômes d'une esquinancie ou angine des plus graves dont Joséphine, sous l'influence morbide de ses anxiétés, avait contracté le germe dans ses promenades sur l'étang à travers les fraîcheurs perfides des soirs de printemps, les médecins déclarèrent leur doute et les enfants de Joséphine durent à leur tour cacher leur désespoir. Il fallut, de crainte de quelque nouvelle et fatale imprudence, dissimuler à la malade la venue de son hôte auguste, et le Czar, auquel Eugène et Hortense firent les honneurs de la maison, se retira sans avoir vu l'Impératrice. La nuit du 28 au 29 mai fut mauvaise, et la duchesse d'Arberg, qui veilla au chevet de l'Impératrice, la trouva calme et ne sortant de son assoupissement que par les intervalles d'une sorte de tranquille délire pendant lequel lui échappaient ces trois mots : *Bonaparte !... l'île d'Elbe !... Marie-Louise !...* involontaire aveu des douleurs morales auxquelles elle succombait.

Le lendemain 29 mai, jour de la Pentecôte, lorsque la reine Hortense et le prince Eugène revinrent de la chapelle où ils étaient allés prier pour elle et rentrèrent pour embrasser l'Impératrice, que l'abbé Bertrand, aumônier de la reine de Hollande, venait de préparer au dénoûment qu'on pressentait sans oser le craindre, ils n'avaient plus de mère, et les pauvres du pays avaient aussi perdu la leur !

Rien ne peut peindre la magnificence, faite de la majesté du deuil universel et de l'éloquence des larmes de tous, de ces funérailles où les représentants des souverains du Nord, mêlés à la famille, précédaient un cortége de paysans et de laboureurs accourus de dix lieues à la ronde à cette solennité qui réunissait ainsi le peuple et les rois. Le corps de l'Impératrice, embaumé et placé dans un double cercueil de plomb et d'acajou, était demeuré exposé pendant trois jours sur un catafalque dressé au milieu du grand vestibule du château. Vingt mille personnes étaient venues le saluer de l'eau bénite, et ces vingt mille personnes suivirent le char qui l'emporta à Rueil le jeudi 2 juin 1814, derrière les deux jeunes enfants de la reine Hortense, le grand-duc de Bade, époux de la princesse Stéphanie de Beauharnais, le marquis de Beauharnais, beau-frère de l'Impératrice, le comte de Tascher, ex-sénateur, et le père de la princesse de Bade, le comte Claude de Beauharnais.

Les regrets et les larmes de celui qu'elle avait tant aimé ne manquèrent pas à celle que pleuraient ces malheureux qui étaient demeurés son peuple.

A un an de là, l'Empereur, revenu de l'île d'Elbe, voulut, avant de partir pour sa dernière campagne, aller se recueillir à la Malmaison, au milieu des souvenirs inspirateurs des jours de bonheur, d'amour et de gloire, dans les lieux qui en avaient été témoins, dans ces lieux encore pleins de la présence de Joséphine, et où l'on respirait en quelque sorte, avec le parfum de ces fleurs qui avaient été élevées par ses soins, quelque chose du parfum de Joséphine elle-même. En l'absence du prince Eugène, retenu de force en Allemagne, c'est la reine Hortense, toujours fidèle à la fortune impériale, qui vint recevoir cette visite commémorative et presque expiatoire, et animer d'une vivante image ce pieux hommage rendu à sa mère. L'Empereur arriva, accompagné de MM. Molé et Denon, et du colonel Labédoyère. A son entrée dans le vestibule, assailli à la fois par mille souvenirs, il manifesta une vive émotion. La domptant avec son énergie habituelle, il voulut tout revoir dans cette maison, ce parc, ce jardin où il n'avait pas reparu depuis 1810. Il se promena pendant une heure avec Hortense, suivant d'allée en allée la trace de celle dont l'ombre semblait errer encore sous ces ombrages préférés et appeler tout bas dans la brise l'hôte tardif à un dernier rendez-vous. Le déjeuner qui suivit cette promenade expansive, où Napoléon avait pris un triste plaisir à parler de Joséphine, fut court et silencieux. L'Empereur, au sortir de table, passa dans la galerie, parcourant chacun de ces chers tableaux d'un regard doux comme une caresse. Puis il voulut entrer dans la chambre où *elle* était morte en pensant à *lui*. La Reine s'apprêtait à le suivre; mais d'un geste il l'arrêta et s'achemina seul vers cette entrevue solitaire où l'attirait son cœur. Il voulait être seul pour pleurer. Que se passa-t-il, durant cette halte attendrie dans ce lieu consacré par un dernier soupir qui murmurait son nom, dans ce lieu plein de la présence de l'absente, et où, invisible aux yeux, elle se laissait sentir au cœur? Qui pourrait essayer de pénétrer le mystère et d'être plus éloquent que ce silence, plus éloquent que les larmes dont l'Empereur portait la trace sur son visage?

Deux mois après cette réconciliation posthume et cet embrassement à travers la tombe, Napoléon partit, plein d'audace et d'espérances nouvelles, comme si ce retour aux lieux fastes de sa vie, cette visite à celle qui avait été le bonheur de sa gloire avaient renoué le lien entre lui et la fortune, conjuré la destinée, redoré son étoile. Mais le pacte était à jamais rompu, le lien à jamais brisé entre la victoire et son génie. La France et l'Empereur tombèrent à Waterloo, où finit héroïquement son épopée. Napoléon voulut passer à la Malmaison ses derniers jours de patrie et de liberté. Il y vécut cinq jours dans la compagnie de l'intrépide reine Hortense, qui bravait en 1815 les vainqueurs de 1814, devenus implacables, et dans le culte résigné du souvenir. Appartenant lui-même déjà au passé, il comptait trouver sa vengeance dans l'histoire, et ne songeant plus qu'à la postérité, il faisait préparer par M. Barbier une liste de tous les ouvrages écrits sur son règne.

Cette dernière visite, ce suprême séjour, qui firent de la Malmaison le théâtre du dénoûment du drame napoléonien, ont consacré à jamais le nom de cette résidence des jours heureux et des jours malheureux, témoin des meilleurs mouvements du cœur, des plus nobles inspirations du génie de ce grand homme, qui y passa la semaine d'angoisse, de désespoir et de pardon qui sépare sa gloire de ses malheurs. C'est dans ce modeste asile, associé ainsi à son immortalité, qu'il reçut les derniers coups de la fatalité. C'est là qu'il but lentement le calice de déception et de déchéance rempli par Fouché. C'est là qu'abandonné des courtisans de sa prospérité, mais entouré de quelques serviteurs fidèles, il connut ce que l'ingratitude a de plus amer, la trahison de plus lâche, et goûta ce que le dévouement et le désintéressement ont de plus pur et de plus doux. C'est là qu'un accès de sublime patriotisme, une illusion dernière, une suprême espérance réveillèrent son génie. C'est de là qu'il partit pour entrer définitivement dans l'histoire, où entre avec lui à jamais le nom de cette maison, justifiant cette fois son titre fatal, qui vit les derniers tressaillements, les dernières convulsions de l'Empire expirant.

Il est dans le parc de la Malmaison, près du massif de droite, à côté du château, un monument modeste conservant un vestige précieux. C'est à cette place que l'Empereur, partant pour Rochefort, s'arrêta, à quatre heures après midi, le 29 juin 1815, pour recevoir d'Hortense, avec ses adieux, un dernier et touchant témoignage de son dévouement filial et de sa royale pauvreté : un collier de diamants, ressource de l'exil. C'est là la première station du calvaire de Sainte-Hélène.

Au mois d'août 1831, une femme voilée, guidée par un jeune homme pensif, s'agenouillait furtivement sur le marbre du tombeau de Joséphine, dans la petite église de Rueil, et y répandait ses prières et ses larmes. Cette mystérieuse étrangère était la reine Hortense, qui a elle-même raconté les impressions de cette funèbre visite :

« Quel sentiment douloureux m'oppressa lorsque j'entrai dans ce lieu, que je me mis à genoux devant cette image chérie, et que la triste pensée me vint que de tout ce qu'elle avait aimé je restais seule avec mon fils, isolée et obligée de fuir même le lieu où elle reposait ! La quantité de fleurs qui ornaient ce monument (que mon frère et moi avions eu tant de peine à obtenir la permission de faire élever) me prouva qu'elle était restée au moins au milieu de ses amis, auxquels son souvenir était toujours cher. Sa fille seule était oubliée.

» Je m'arrêtai à la porte du château de la Malmaison ; je tenais à y entrer. C'est de là que l'Empereur avait quitté la France pour jamais ! C'est là que je fus heureuse d'adoucir par mes soins ces tristes moments où tout l'abandonnait et où, du faîte de la plus haute des gloires, il tombait dans la plus grande des infortunes. Après Waterloo, je le vis encore plein de courage, oubliant son propre malheur, voulant à tout prix sauver la patrie, prédisant tout ce qui allait l'accabler si elle ne se défendait, et sentant tout ce qu'elle avait encore de force réunie à lui. On le repoussa. On redoutait ce qu'on appelait *ses chaînes,* et, au nom de la liberté, on se livra à celles des ennemis de la France !

» Il me fut impossible de vaincre l'ordre du nouveau propriétaire, qui avait défendu de laisser voir ce lieu sans billet. Mon neveu avait vendu la Malmaison à un banquier, qui gardait pour lui une portion des jardins, le château, et qui s'était déjà défait de tout le reste. Il était difficile de s'y reconnaître ; et pouvais-je me croire au même lieu que j'avais laissé si beau, où j'étais toujours reçue avec tant de joie, quand l'entrée m'en était aussi cruellement interdite [1] ? »

Six ans après, la fille de Joséphine venait prendre auprès de sa mère la place de l'éternel repos dans cette église de Rueil, Saint-Denis intime des Bonaparte, séparés par la vie et réunis dans la mort, grâce à la pieuse sollicitude de Napoléon III, empereur des Français, par la grâce de Dieu et la volonté nationale, gardien des tombeaux de Rueil et propriétaire de la Malmaison, dont l'histoire se continue chaque fois que son auguste maître vient se reposer dans ce modeste château, témoin des joies et des douleurs de sa famille, théâtre des jeux de son enfance, berceau des grandeurs de sa maison [2].

[1] *La reine Hortense en Italie, en France et en Angleterre pendant l'année* 1831. *Fragments de ses Mémoires inédits écrits par elle-même*, p. 265 à 267.

[2] Achetée en 1826 par M. Haguerman, banquier suédois, la propriété de la Malmaison, réduite aux proportions de son cadre primitif de 1798, fut achetée en 1842 par la reine d'Espagne Marie-Christine au prix de 500,000 francs, et rachetée par l'Empereur en 1861 moyennant 1 million 100,000 francs.

DESCRIPTION DE LA MALMAISON.

De la gare de Rueil on peut, en dix minutes de promenade, dont l'omnibus américain supprime au besoin la fatigue, aborder au point de l'avenue de Paris sur lequel débouche à angle droit le chemin de la Malmaison. Le Bois-Préau, maison considérable qu'on a laissée sur la gauche, appartenait sous l'Empire au domaine de la Malmaison, et marquait la limite, aujourd'hui réduite de moitié, de ses dépendances. Nous avons raconté en son lieu l'anecdote, chère à la tradition, de l'opiniâtre résistance, aux avances du Premier Consul et de l'Empereur, de son intraitable voisine, cette demoiselle Julien, dont la mort seule triompha, et cette lutte d'enchères réciproques qui ne finit que faute de combattants. L'inexpugnable logis est aujourd'hui d'une physionomie qui n'a rien de rébarbatif et d'un abord des plus hospitaliers, et la trace de l'acariâtre propriétaire a depuis longtemps

disparu sous l'annuel renouvellement des gazons
et des fleurs. Mais tant que l'imagination cher-
chera dans l'histoire des éléments pour ses fictions
et des types dans la réalité, les chroniqueurs du
journal et les frustes conteurs, loustics des veillées
rustiques, marieront dans leurs récits les noms de
ces deux héros de la spéculation ou de l'habitude
maintenant contre le vainqueur d'Austerlitz leur
droit de propriété : mademoiselle Julien et le savetier, non moins têtu, dont les travaux du Troca-
déro ont récemment réveillé le souvenir. Ce qui,
il faut le dire, étonne encore plus les bons paysans
que l'acharnement des deux enclavistes, fiers de
ce rôle d'obstacle vis-à-vis d'un homme qui n'en
connaissait guère, c'est la patience de Napoléon
attendant, pour s'arrondir, la mort de la vieille
demoiselle, et respectant la cabane de pisé qu'on
voulait faire payer aussi cher qu'un palais aux
architectes du château projeté du Roi de Rome.
Plus d'un des naïfs auditeurs, ne prenant conseil
que de l'humeur envahissante et parfois peu scru-
puleuse en matière de conquête qui forme le fond
militant du paysan des environs de Paris, est bien
près de regarder cette condescendance de l'Empereur comme une faiblesse indigne de ses victoires ;
et les lettrés de la réunion, qui ont entendu parler

de l'aventure du meunier de Sans-Souci, regrettent
que l'exemple de Frédéric ait condamné Napoléon
à l'imiter.

Après le Bois-Préau, nous passons devant la
route qui conduit à l'ancien château seigneurial
des Buzenval, propriété actuelle de la famille
Murat, et nous nous arrêtons à l'entrée d'une allée
de platanes qui conduit à la grille du château, flan-
qué de deux pavillons d'ordre dorique autrefois
réservés aux troupes de service.

Un peu avant cette grille, du côté de Rueil, à
l'angle du parc, se trouvait le corps de garde des
guides. Napoléon entrait d'ordinaire à la Malmaison par l'avenue de tilleuls qui se dirige sur la
grille principale. Si nous voulons tout d'abord
payer un pieux tribut aux souvenirs qui inspirent,
plus qu'une frivole curiosité, le pèlerinage de la
Malmaison, et saluer dès notre entrée le génie du
lieu, nous pouvons, en allant chez le régisseur du
château, nous détourner vers le petit jardin contigu
à son habitation et planté sur l'emplacement d'une
cour aujourd'hui disparue. Là, un socle portant un
aigle, fixe pour la postérité la trace du dernier
pas de Napoléon recevant les adieux de la reine
Hortense et montant en voiture pour un funeste
voyage commencé libre, et achevé prisonnier.

Devant cette inscription si éloquente dans sa simplicité :

DERNIER PAS DE NAPOLÉON

PARTANT POUR ROCHEFORT

LE **29** JUIN **1815**

A QUATRE HEURES APRÈS MIDI

on peut évoquer, grâce à l'historien de l'Empire, tous les personnages de cette scène navrante et sublime, et en voir le tableau des yeux de l'esprit et du cœur.

« Dès lors (le refus de ses services par le gouvernement provisoire), il ne songea plus qu'à s'éloigner. Ses compagnons d'exil étaient choisis : c'étaient le général Bertrand, le duc de Rovigo, le général Gourgaud[1]. Drouot aurait dû être du nombre ; mais lui seul ayant été jugé capable de commander la garde impériale après que Napoléon serait parti, il avait été obligé d'accepter ce commandement. Napoléon lui-même le lui avait prescrit. Il regrettait Drouot, disait-il, comme le plus noble cœur, le meilleur esprit qu'il eût connu. Mais il ne désespérait pas de le voir en Amérique, ainsi que le comte Lavalette et quelques autres sur lesquels il comptait. Sa mère, ses frères, la reine Hortense devaient aller l'y re-

---

[1] Parmi les compagnons de la dernière odyssée, M. Thiers oublie M. de Las Cases, qui a rendu compte, lui aussi, dans le *Mémorial,* du détail de cette journée pathétique. (*Mémorial* édit. 1842, t. 1.)

joindre. Tous ses préparatifs terminés, il se décida à
partir vers la fin du jour. Il avait peu songé à se procurer des ressources pécuniaires, et avait confié à M. Laffitte quatre millions en or qui, par hasard, s'étaient
trouvés dans un fourgon de l'armée. La reine Hortense
voulut lui faire accepter un collier de diamants, pour
qu'il eût toujours sous la main une ressource disponible
et facile à dissimuler. Il le refusa d'abord; cependant,
comme elle insistait en pleurant, il lui permit de cacher
ces diamants dans ses habits, puis, embrassant sa mère,
ses frères, la reine Hortense, ses généraux, il monta en
voiture à cinq heures (29 juin 1815), tout le monde,
jusqu'aux soldats de garde, fondant en larmes. Il se di-
rigea sur Rambouillet en évitant Paris, Paris où il ne
devait plus rentrer que vingt-cinq ans après dans un
char funèbre....[1] »

Ce funèbre devoir rempli, cet hommage attendri
rendu au souvenir de ces adieux de la Malmaison, nous abordons le porche en forme de tente
qui forme le premier et pittoresque vestibule de la
maison de campagne, ainsi armée de je ne sais
quelle physionomie de maison de camp par cette
marquise rayée reposant sur des faisceaux de piques,
devant laquelle on s'étonne de ne pas voir passer
les sentinelles et courir les aides de camp du Premier Consul.

[1] *Histoire du Consulat et de l'Empire*, t. XX, p. 443.

La façade méritait jadis un coup d'œil avec ses niches garnies d'une suite de statues en marbre d'après l'antique, dépouille des jardins de Marly. Ces statues ont été remplacées, depuis 1815, par des moulages sans valeur représentant *les Quatre Saisons* et *les Quatre Parties du monde*.

Le péristyle d'honneur, qui fait suite au vestibule d'accès, a un grand air architectural avec ses quatre colonnes en stuc, et est à la fois majestueux, élégant et commode. Il sépare le rez-de-chaussée en deux ailes et s'ouvre à la fois sur la façade et sur les derrières, fournissant aux diverses phases de l'hospitalité un rendez-vous de réception grandiose et un centre de dégagement. De là, si l'on tourne à droite, on traverse successivement la salle de billard et les salons. Si on oblique à gauche, on trouve sous ses pas tour à tour la salle à manger, la salle du conseil, le cabinet et la bibliothèque.

Un coup d'œil sommaire à chacune de ces pièces, théâtre de la vie domestique et familière du général, du Consul et de l'Empereur, pour en constater surtout la physionomie et le caractère, car la plupart des détails de l'ameublement, malgré de pieux efforts de restauration, ont disparu, et il ne demeure, en quelques précieux débris, que des traces, des vestiges, des jalons pour le spectateur qui se souvient, que des traits épars de l'antique ensemble, enfin que le cadre et comme qui dirait le squelette de l'habitation. C'est d'après ces restes, où l'on trouve encore je ne sais quoi de majestueux et d'élégant, qu'on se peut faire une idée de la grandeur, de l'harmonie, de la poésie de la maison vivante. On ne peut faire un pas dans ces lieux illustres sans y rencontrer le dieu. On trouve dans le pavé de marbre incrusté de figures étrusques ou d'arabesques égyptiennes dont on foule le sonore tapis, dans la rotondité des plafonds, dans la coupe hiératique et tumulaire des appartements, la proportion géométrique des fenêtres, la symétrie des jours, la rigidité des perspectives, ce goût des lignes droites et des angles nets qui caractérisera l'art et la mode sortis de la Révolution, et se fixant, après les fantaisies du Directoire, dans le style froid, sévère et serein de l'Empire. Tout ici respire l'éclectisme classique des architectes inspirés à la fois par l'école de David, le culte de l'antiquité exhumée à Pompéi et le symbolisme étrange dont l'expédition d'Égypte venait d'entr'ouvrir à la curiosité de la science et aux imitations de l'art le temple mystérieux.

En trois mots, sous le Consulat, époque dont la Malmaison est l'image typique, les maisons comme

les hommes, les mœurs comme les idées, les modes
et les passions elles-mêmes, sont le mélange para-
doxal et original, par cela même, des formes de la
Grèce et de Rome et des fantaisies étrusques et
arabes, l'amalgame de ce qu'il y a de plus grave
avec ce qu'il y a de plus riant, de ce qu'il y a de
plus roide et de plus fixe avec ce qu'il y a de plus
souple et de plus fugace au monde. De là, l'impression mêlée de répugnance, de sympathie, d'admiration et de regret; de là l'effet contradictoire, la
volupté troublée de ce style architectural et déco-
ratif mixte ou plutôt bâtard, où se mêlent, non
sans se heurter, trois arts et trois traditions différentes, dont l'union à la fois brutale et habile produit avec ses angles fondus et ses contrastes adou-
cis je ne sais quelle bizarre harmonie. On finit par
s'y habituer, et on s'étonnerait bien plutôt du
contraire. Ce manque d'individualité en effet est
une individualité, cette absence de caractère devient
un caractère. L'interprétation du souvenir historique jette un jour profond sur ces mélanges con-
fus. Le goût du Consulat, époque de reconstitution
politique et sociale en même temps, devait s'inspi-
rer à la fois, comme le Consulat lui-même, du
passé, du présent et de l'avenir, de toutes les traditions et de toutes les nouveautés. Il devait avoir

13.

l'Étrurie et Rome, la Grèce et l'Orient pour points cardinaux. Vitruve, Winckelmann, Visconti et Denon devaient être ses maîtres. A l'aide de ces réminiscences atténuantes, on prend intérêt à cet artifice solennel, on prend plaisir à ce triomphe du pastiche, à ce mariage adultère de toutes les orthodoxies et de toutes les hérésies de la ligne, à ce fétichisme rétrospectif, à ce paganisme cosmopolite; et l'esprit, rebuté par les dissonances agaçantes de cette originalité faite d'emprunts, de cette autorité faite d'usurpations, de cette unité faite d'anarchies, se sent peu à peu pacifié, gagné, charmé par cet attrait piquant des demeures, qui, à défaut d'autre mérite, ont celui de ressembler profondément à leur temps.

C'est là le premier, le plus durable plaisir, en dehors de l'émotion des souvenirs, d'une visite à la Malmaison. Dès la porte on respire à travers toutes ces poussières une époque dont l'image, criante comme une résurrection, vous saute aux yeux de tous côtés. Vous êtes saisi, enveloppé; vous devenez, dans cette atmosphère transformatrice, un Romain du Consulat ou un Grec de l'Empire. Femme, votre taille remonte au-dessous du sein; homme, vos pantalons tombent pour découvrir vos jambes moulées dans la soie d'un bas chaloyant et dans les plis d'une culotte de satin ; et votre jabot s'épanouit sous le frac à col rabattu et à revers, aux basques coupées à angle droit, qui se mêlait, en 1801, aux réceptions de la Malmaison, aux uniformes brodés de chêne, de palmes et d'épis des fonctionnaires de Bonaparte.

Le péristyle et l'antichambre ne contiennent plus les bustes en marbre et en bronze qu'y avait fait placer M. Lenoir. Une Atalante habituée à l'air vif et aux larges horizons des jardins de Marly, exilée au milieu du vestibule et qui en sortira sans doute pour reprendre librement sa course sous le ciel accoutumé et dans le paysage familier, remplit un peu le vide de l'absence de ce petit panthéon où les dieux de l'Olympe antique et les grands hommes de la Grèce et de Rome semblaient garder en qualité de lares la maison de ce vainqueur d'Italie et d'Égypte dont le profil de camée appelait le laurier, et qui aurait pu présenter Alexandre et César comme des ancêtres.

Entrons à droite. Voici la salle de billard, dont les canapés et les fauteuils, avec leur allure architecturale pleine de gaucherie, et leurs dossiers recourbés, sont si caractéristiques d'une époque encore peu apprivoisée aux élégances du confort, dont les coussins étaient carrés et dont les meubles étaient coupés géométriquement sur les types de lyre, de vase, de nef, chers au génie antique. Forme des tables en trépied et des fauteuils en demi-baignoire ou en tonneau reposant sur un cygne aux ailes mi-ployées, pourpre assombrie des étoffes aux bordures noires, reproduisant le fond rouge de brique des vases étrusques sur lesquels se découpent en vif les figurines monochromes[1], mosaïque des parquets, balustre des fenêtres, ovale des plafonds, attribut des panneaux, tout dans l'ensemble comme le détail de l'ameublement et de la décoration donne une frappante impression de la barbarie raffinée, de la gaucherie élégante, du dilettantisme systématique, du fanatisme minutieux d'un architecte qui a lu Homère dans Bitaubé et Eschyle dans le père Brumoy, et qui a vu la Grèce à travers Barthélemy et Choiseul-Gouffier.

Tout ce savant mauvais goût est des plus intéressants et des plus amusants; car on peut voir dans

[1] Cet ameublement, provisoirement déposé dans la salle de billard, doit orner avec plus de raison le salon de musique. Nos observations, fausses quant à la place, n'en subsistent pas moins quant au caractère. Notre *troisième partie* redressera, quant aux détails de disposition et de placement, les erreurs inévitables d'un tableau esquissé sur l'état provisoire, avant l'heure de l'arrangement définitif, qu'il n'était pas possible d'attendre.

ces meubles l'image des hommes qui s'y assirent,
à la fois lourds et vifs, solennels et frivoles, frottés
de l'érudition hâtive due aux rares loisirs de la
politique et de la guerre, des assemblées et des
camps; et mêlant dans leurs idées, dans leurs passions, dans leurs mœurs, leurs modes et leur langage, les erreurs de la force aux instincts de la
grâce, l'originalité à l'imitation, la simplicité à la
déclamation, le sublime au ridicule.

Le salon de réception et le salon de musique,
unique reste de l'ancienne galerie, qui font suite
à la salle de billard, ont perdu, par l'absence de
la plupart de leurs meubles, le caractère domestique qui corrigeait cet aspect théâtral dont nous
avons constaté l'impression. On n'y voit plus les
deux tableaux rivaux inspirés par Ossian, de Gérard et de Girodet, ni les deux portraits du premier de ces peintres, représentant l'un l'impératrice Joséphine assise sur un divan de velours
jaune, qui fait éclater de son rayonnement sa
brune beauté; l'autre la reine Hortense et ses
deux enfants. Les deux tableaux, ou tout au moins
l'un d'eux, sont sans doute encore à Munich, où
les héritiers de Joséphine transportèrent leurs
pénates et les reliques de la famille, de la maison
et de la patrie.

Le salon a toutefois gardé une belle cheminée en mosaïque, présent de Pie IX, une partie de l'ameublement et de la décoration contemporains qui permet d'apprécier l'effet de l'ensemble; c'est lui aussi qui, jusqu'à ces derniers temps, a servi d'asile aux tableaux et portraits détachés de leur place dans les diverses pièces, et que nous y avons vus réunis, avant la distribution qui les mettra chacun dans son vrai jour et à sa vraie place que nous indiquerons. Nous ne ferons donc que mentionner, sans des détails qui viendront plus tard, un portrait en buste de l'impératrice Joséphine, par Appiani; une reine Hortense, portrait en pied au crayon et à l'estompe, de la reine Hortense par elle-même, sans doute d'après quelque maître, et où elle a les traits vaporeux, la démarche aérienne d'une Emma de Millevoye, glissant sur la dépouille de nos bois; un portrait de Louis Bonaparte en colonel de dragons par la même; le fameux dessin original d'Isabey, *Bonaparte à la Malmaison*; le Roi de Rome à cheval sur une chèvre; le petit prince Napoléon, premier-né de la reine Hortense, mort en 1807 en Hollande, et dont l'enfantine majesté se pavane naïvement dans le manteau de cour; les nombreux enfants du prince Eugène, dont la tête de sylphe aux ailes de papillon vol-

tige dans une sorte de *gloire* ossianesque. Enfin,
à côté de cette réunion de famille, les huit têtes
rébarbatives, patriarcales, joviales, fanatiques, de
huit personnages musulmans, témoins et peut-être
comparses pittoresques du drame égyptien.

Ce salon a conservé les attributs en relief de ses
cartouches et les fresques de ses panneaux, et il
représente bien le goût éclectique de ce temps
à la fois homérique, virgilien, romantique, mêlant
sans scrupule les mythologies du Nord et du Midi,
peignant sur les murs les scènes de l'idylle et de
l'églogue classiques, et les bucoliques personnages
Tityre, Mélibée, Daphnis et Chloé, puis soudain,
rhapsode devenu troubadour, jetant la flûte arca-
dienne pour le luth des sagas, remplaçant la sibylle
par la sorcière, la chimère par la licorne, l'Amour
par le lutin, la naïade par l'ondine, et le soleil de
l'Attique par le clair de lune du sabbat. Tout ce
monde pâle et faux de la poésie des ballades cou-
doie dans les meubles et les peintures l'étincelante
famille du cycle olympique. Il y a fraternisation et
même assimilation entre les deux empyrées, qui
poussent le goût de la fusion jusqu'à faire place
aux dieux égyptiens. De là cette étrange décoration
faite pour déconcerter l'imagination et les yeux,
associant les sylphes porte-lyre aux chimères mam-

mées, ailées et onglées, et plantant l'ibis en faction devant l'hippogriffe étonné.

Dans le salon de musique, où la reine Hortense donna plus d'une fois aux hôtes choisis de la Malmaison la primeur de ses compositions, il ne demeure que l'Apollon inspirateur et la Minerve tutélaire peints sur la voûte. Les auditeurs ont disparu, les chants ont cessé à jamais, et cette pièce si gaie, si animée jadis, la joie et l'harmonie de la maison, a quelque chose aujourd'hui de morne et de sépulcral, avec ses colonnes d'acajou massif cerclées d'un collier incrusté de ciselures de cuivre, son plafond cintré, ce demi-jour humide et le silence de cette voix enchanteresse dont une harpe, qui trouverait ici sa meilleure place, est le touchant symbole et porte le deuil dans ses cordes brisées.

La grande galerie et le théâtre adossé à la galerie ont disparu sans laisser d'autres vestiges que ceux du souvenir qui se trouve dans une aquarelle de 1826, signée Lœillot et dont la reine Hortense a écrit de sa main le sujet, une image fidèle de ce qu'il a perdu. Des arbres forment aujourd'hui la limite des lignes évanouies, visibles seulement à l'œil de l'imagination, de tout ce côté de l'habitation consacré aux arts.

Par une compensation qui suffit à elle seule à

marquer la différence des temps et des maîtres, une chapelle, œuvre de la piété de la reine Christine, s'élève sur l'emplacement des anciennes cuisines et forme l'unique construction survivante à ce prolongement de l'aile droite de la Malmaison, aujourd'hui complétement disparue. Ce n'est pas que la demeure consulaire fût païenne au point de n'avoir pas aussi sa chapelle et son autel. On entendait la messe au château de la Malmaison, dont le maître avait signé le Concordat et dont la maîtresse avait la foi vive et dévotieuse des Antilles. Napoléon, en 1805, acheta pour l'autel de sa chapelle de la Malmaison un magnifique bas-relief en bronze doré, chef-d'œuvre de la Renaissance, représentant l'embaumement du Christ, dont Joseph d'Arimathie et les saintes femmes environnent, les parfums à la main, le divin cadavre et oignent les mains et les pieds. Ce bas-relief, qui n'avait pas coûté à l'Empereur moins de 15,000 francs, est aujourd'hui, grâce à la libéralité de M. Haguerman, qui en fit don en 1837 à l'église de Rueil, enchâssé dans le maître autel paroissial, et brille du double éclat de l'or et de l'art dans sa mate blancheur.

C'est dans l'aile droite du château que se déroule l'escalier qui conduit au premier étage, et que divisent en deux parties l'appartement de l'Impératrice Joséphine et l'appartement de Napoléon, sur lequel Eugène et Hortense ont pris filialement leurs chambres.

Une pièce de cette portion intime de l'habitation nous attire tout d'abord irrésistiblement, et avec une curiosité déjà attendrie, nous nous dirigeons vers la chambre, admirablement conservée, dont la mort de Joséphine a fait un sanctuaire.

Ce contraste de tant d'élégance profane et de coquet confort avec la pensée funéraire qui bientôt ici domine toutes les autres, fait sur le cœur un effet poignant. On ressent la même impression que celle que donnent la fleur écrasée, l'oiseau immobile, le flambeau éteint, la harpe muette, c'est-à-dire la surprise pleine de regret et la douleur pleine de reproche, de la fragilité de la beauté, de la brièveté de la vie, de l'inconstance de la fortune, de l'apparente et décevante victoire de l'oubli sur la gloire, et de la mort sur l'amour. Amour et mort, tout ici rappelle à la fois l'un et l'autre. Cette chambre tendue d'un velours pourpre broché d'or, l'or terni sur l'incarnat pâli, ressemble à une grande rose fanée. Elle n'a point perdu ce parfum divin, cet *odor di femina* qui ne passe point. On y respire quelque chose de la beauté tour

à tour éclatante et voilée, de la gaieté tranquille
et de la grâce ailée de Joséphine. Il y a là, à
jamais, dans ce lieu favori où elle rêva, les yeux
perdus dans l'azur, de longues heures, où elle lut
le livre préféré, où elle écrivit sur sa toilette un
de ces billets où elle excellait, pleins de cet esprit
qui lui venait du cœur, où elle sourit, la glace à
la main, à la première ride et au premier cheveu
blanc, et se consola en songeant à Eugène de la
perte du trône, et en pensant à Hortense, du déclin
de sa jeunesse, il y a dans cette pièce, théâtre de
tous les petits événements de l'intimité, dans ces
meubles muets, confidents des secrets de la veille
et du sommeil, quelque chose du corps, de l'âme,
de la vie de la maîtresse adorée. Cette solitude,
faite de son unique absence, l'évoque en quelque
sorte, et la vue de ce lit où elle exhala son dernier
soupir semble la ressusciter.

Et quel lit que ce thalamus, couche nuptiale et
funèbre, image frappante comme un symbole de
la gracieuse majesté et de la nonchalance ailée de
celle qui un soir y tomba pour ne se plus relever !
Douce envers la vie, douce envers la mort elle-
même, belle surtout par le charme ineffable de la
démarche, du geste et de la voix, Joséphine, avec
ses goûts, son imagination, son tempérament, son

caractère, son esprit et son cœur, nous apparaît dans cette chambre en rotonde, au plafond peint en ciel (ciel d'été d'un ardent azur où floconne l'électrique nuage), avec ses panneaux de velours rouge brodés d'oiseaux fantastiques, son lavabo en trépied, ses tête-à-tête en lyre, avec son petit nom pour chiffre et une harpe pour blason; avec son lit surtout, aux rideaux de soie légère comme une mousseline retombant d'un baldaquin aux crépines dorées et soutenus par deux thyrses croisés, avec son lit surtout construit en nef, dont un cygne d'or sculpté aux ailes reployées forme la symbolique proue.

Le boudoir, où l'on accède par la porte masquée dans un panneau mobile qui tourne mystérieusement sur ses gonds, la chambre et la salle de bain qui lui fait suite, composent tout ce petit gynécée, où celle qui l'habita a laissé partout son empreinte, frappante et presque vivante dans la chambre à coucher, ici effacée, mais survivante encore au vide et à la solitude.

La chambre de l'Empereur forme le second but de notre pèlerinage intime, et nous traversons le vestibule du premier étage pour nous arrêter devant ce lit de Sainte-Hélène, témoin des insomnies du père, des regrets de l'époux, des veilles

SALLE DU CONSEIL A LA MALMAISON

TEMPLE DE L'AMOUR A LA MALMAISON

caractère [illegible] esprit et [illegible] cœur, nous apparaît
[illegible] harpe [illegible] le plafond peint
[illegible] (où il est [illegible] en or [illegible] Florence,
[illegible] chaque [illegible] age), avec ses [illegible] de velours
[illegible] brodé [illegible] oiseaux fantastiques, son lambrequin
trophé[illegible], ses tête-à-tête ou byrne [illegible] avec son petit nom
[illegible] chiffre et une barque pour alcove; avec son lit
surtout, aux rideaux de soie légère comme une
mousseline [illegible] d'un hindou aux [illegible]
[illegible] et surtout [illegible] croisée, avec
[illegible] au [illegible] un cygne
[illegille] [illegible] ailes [illegible] la [illegible]
[illegible].

Le boudoir, où l'on arrive [illegible] le [illegible]
dans un panneau mobile, qui [illegible] aisément sur
ment sur ses gonds, la chambre et la salle de bain
qui lui fait suite, composent tout ce petit gynécée,
où celle qui l'habite a laissé partout son empreinte,
frappante et presque vivante dans la chambre à
coucher, [illegible] mais survivante encore au
[illegible].

[illegible] de l'Empereur [illegible] se seront fait
[illegible] et qu'ici-bas [illegible], nous traverserons le
vestibule [illegible] pour arriver de-
vant ce lit [illegible]-à-Elle, [illegible] des insomnies
du père, [illegible] espérances et [illegible] des veilles

Page 161.

SALLE DU CONSEIL A LA MALMAISON

Page 168.

TEMPLE DE L'AMOUR A LA MALMAISON

de l'Empereur dictant le testament de sa gloire et
le jugement de sa fortune, et où un jour, le corps
fatigué, mais non l'âme, il s'est couché, rongé par
l'ennui de l'exil, et a adressé à la patrie absente,
où la mort seule devait le faire rentrer, l'adieu de
son dernier soupir.

Nous décrirons plus tard minutieusement chaque
objet de cette collection de reliques ; nous ne jetons
en ce moment sur leur cadre qu'un coup d'œil de
salut et d'ensemble.

Nous retrouverons, dans notre catalogue détaillé,
la commode et le secrétaire d'acajou, glorieux de
tant de nobles pensées écrites sur sa table et étalant
sur son armoire la colonne commémorative des cinq
codes et de ces immortelles victoires de la paix.

Redescendus au rez-de-chaussée, nous traversons de nouveau le vestibule de marbre aux couronnes en relief, et nous parcourons la salle à
manger, aux figures allégoriques, peintes par Laffitte, et dansant, sur le fond de stuc, de l'aile de
la Muse ou du pied de la nymphe, une décente
bacchanale.

> Nunc est bibendum, nunc pede libero
> Pulsanda tellus....

La salle du conseil a gardé ses trophées, symbole des délibérations variées dont elle fut le théâ-

tre. Le cabinet de travail, dans sa forme originale et pittoresque de tente circulaire, avec ses divans larges et bas, propices aux entretiens familiers et aux siestes rapides, est le plus heureux et le plus complet emblème de cette universalité de génie, de cette vie militante, de cette Iliade victorieuse, terminée par la double Odyssée du retour de l'île d'Elbe et du départ pour Longwood. La pendule de l'exil arrêtée par une main pieuse à la minute sacrée du dernier soupir, et qui, après avoir marqué le terme d'une telle existence, ne peut plus profaner son aiguille à la mesure des heures vulgaires, domine, avec l'éloquence muette de son immobilité, l'impression qu'on éprouve en ce sanctuaire des méditations et des résolutions du génie qui a donné au monde, au commencement de ce siècle, un branle qui dure encore. Par ce contraste shakspearien qui mêle à toutes les poésies sa pointe de réalité, son ridicule à tous les sublimes, et son sourire à toutes les douleurs, la pendule de Longwood est du goût anacréontique du Directoire. C'est un sujet d'anthologie mignarde. Deux Amours portent le cadran entouré de roses et couronné d'un Éros émergeant du fond d'une rose épanouie, dont l'aiguille a marqué l'heure de la mort de Napoléon !

La bibliothèque, avec sa voûte où se détachent

les profils peints à fresque des grands orateurs et
des grands philosophes de l'antiquité, avec son
double amphithéâtre de rayons et l'entre-colonne-
ment d'acajou massif qui marque le milieu de sa
galerie, a une physionomie sévère, sereine, médi-
tative, pleine de la grandeur et de la tristesse du
travail. Elle ne contient plus aucun livre, et nous
regrettons la déception de ces rayons vides, dont
la pudeur d'un voile vert ne dissimule pas assez le
squelette. Les livres sont la vie d'une bibliothèque ;
ne pourrait-on rendre la vie à celle-là, en y trans-
portant et en y gardant les livres encore nombreux,
marqués au titre de la Malmaison, au chiffre de
l'Empereur, de l'impératrice Joséphine et de la
reine Hortense, qui attendent, dans l'éparpillement
des bibliothèques de la couronne, le signal de leur
réunion ?

Sortis de la bibliothèque, nous franchissons un
des trois ponts-levis par lesquels le rez-de-chaussée
du château, ceint sur le derrière d'un large fossé
de protection et de préservation, dont le canal, durant le jour, amenait l'air et la lumière à l'étage
souterrain des caves, un des trois ponts-levis, dont
le trait-d'union mobile fait communiquer de plain-
pied le rez-de-chaussée du château avec la pelouse, les jardins et le parc.

C'est par ce pont-levis que le Premier Consul, quand il était fatigué du travail et de l'isolement, se rendait dans son petit jardin particulier, dont la limite a disparu, et y caressait de l'œil et parfois de la main ses gazelles apprivoisées et ses flamants domestiques, perchés la patte en l'air dans les joncs d'un petit bassin et secouant leurs plumes roses au soleil.

Parfois, mais rarement seul alors, et quand il pouvait joindre au plaisir de la promenade celui de la conversation avec un interlocuteur favori, Napoléon, les mains derrière le dos, suivant son habitude, arpentait à pas lents ou rapides une allée de ces marronniers dont il reste encore à la Malmaison de beaux échantillons, dignes de la seconde patrie de cet arbre si bien acclimaté maintenant chez nous. C'est à Rueil, en effet, qu'ont été plantés les premiers marronniers transportés de l'Inde. Le jardin de M. Waldow, résident de l'électeur de Cologne, dont la maison de campagne à Rueil est mentionnée par Piganiol de la Force, fut la première pépinière de ce bel arbre aux girandoles odoriférantes. C'est ce M. Waldow qui fit présent à Louis XIV des marronniers de Marly. Dans les allées des jardins de Richelieu, à Rueil, il existait encore à la fin du siècle plusieurs allées de marronniers séculaires, et la tradition en rappelle un, abattu en 1780, d'une telle circonférence, que cinq personnes avaient peine à l'embrasser de leurs bras étendus. La pièce d'eau au-dessus de la grotte, dans ces jardins fameux, était entourée d'un groupe de ces centenaires majestueux qu'on appelait *les cardinaux*. C'est dans l'allée de marronniers de la Malmaison que l'Empereur aimait à causer en se promenant, et à exercer à la fois ses jambes et sa pensée. Il se reposait de la fatigue de ces conversations ambulantes, parfois prolongées, dans le petit pavillon qui borne l'allée péripatétique. La reine Marie-Christine a eu le bon goût d'orner les panneaux de ce cabinet rustique de quatre tableaux, exécutés par ses ordres, et qui, avec la statue de Ferdinand VII et la chapelle, résument les traces de son passage dans cette résidence. Ces quatre tableaux représentent les scènes du drame impérial dont la Malmaison ou ses environs ont été le théâtre. La signature des préliminaires du Concordat (1801) [1], la visite de l'empereur Alexandre à Joséphine à la Malmaison en 1814 [2], la défense du pont de Chatou (1815) [3], en-

[1] Par Gariot.
[2] Par Valentin Carderera (1847).
[3] Par Gariot.

fin les Adieux de Napoléon et de la reine Hortense, le 29 juin 1815 [1], où tout le monde pleurait, même les chevaux, au dire énergique et naïf du brave homme, palefrenier de l'écurie en ce temps tragique, qui, il y a quelques années, servait encore de guide aux visiteurs.

Revenant sur nos pas et tournant le dos au pavillon, nous repassons devant la porte du château, sur la façade de derrière, et nous saluons les deux centaures de bronze, gardiens du pont-levis principal, à côté desquels se dressent encore les deux obélisques de granit rouge, gravés d'hiéroglyphes d'or, qui furent le premier embellissement de Joséphine, et son petit arc de triomphe au retour du conquérant égyptien.

De là, après avoir jeté un regard sur cette immense pelouse verte, coupée de massifs et d'eaux vives, dont la colonnade de l'aqueduc de Marly couronne l'horizon, nous commençons dans une direction circulaire ce pèlerinage agreste après le pèlerinage intime, l'exploration de reconnaissance du jardin et du parc après celle de la maison.

Ici encore abondent les souvenirs et les regrets. La magnifique serre, création si originale de Joséphine, n'existe plus, du moins avec sa gracieuse

[1] Par Luis Lopez (1847).

destination primitive, et ce qui reste de cette maison des fleurs, sous le nom de *petit château,* sert
d'habitation au commandant de la résidence impériale et à sa famille.

Mais si les maisons changent ou tombent, les
arbres restent, et chaque année ils semblent célé-
brer par une verdure nouvelle le nom de leurs
bienfaiteurs anciens, et mêler la fête de la reconnaissance à celle de la nature. La plupart de ces
exotiques ont été expatriés sur l'ordre et par les
soins de Joséphine ; quelques-uns ont été plantés
de sa main et de celle du Premier Consul en 1800.
Voici, aux alentours du château, un févier d'Amérique (*gleditria triacanthos*) et un cèdre du Liban
ou mélèze toujours vert, dont les deux aînés dé-
ploient devant les premiers pas du promeneur
sortant du château leur parasol vert, qui étalent
avec orgueil l'étiquette commémorative de cette
illustre origine.

Sur notre chemin, durant notre exploration de
la partie droite de la pelouse, nous saluons tous
ces exotiques pensionnaires, le sophora-japonica,
le robinia visqueux, le hêtre pourpré, le vernis
du Japon, le pommier à fleur double et le noyer
noir, plus connus de nos climats.

Nous arrivons, en longeant la grotte, surmontée

d'une cabane au chapiteau de chaume, à la rivière qui anime et vivifie tout ce frais paysage, et que bordent le tulipier de Virginie, l'érable de Montpellier, le peuplier pyramidal d'Italie, le cyprès chauve de la Louisiane. Nous passons un pont rustique, et nous voici au temple bâti sur le rocher qui domine le cours de la rivière, et en forme, dans le jardin proprement dit, le principal monument. Nous entrons un moment sous l'abri de la plus profane des divinités, l'Amour, dont l'image enfantine court, l'arc à la main, à la poursuite de quelque invisible conquête sur un socle enguirlandé de roses, et orné de l'inscription laconique empruntée à Voltaire.

> Qui que tu sois, voici ton maître;
> Il l'est, le fut ou le doit être,

dit le charmant Éros, hôte de ce joli petit porche de marbre aux six colonnes ioniques. Derrière le piédestal du dieu on remarque un E majuscule, œuvre de persévérant loisir, qui fut, dit-on, creusé par le prince Eugène lui-même.

Redescendus du temple et quittes de notre hommage au tyran des hommes et des dieux, nous suivons, dans son ascension vers la colline natale, la source, dont l'épanouissement savamment ménagé

a produit la miniature de rivière et les fac-simile
de cascades que nous venons d'admirer. Nous aper-
cevons sur la hauteur à gauche l'antique Belvédère,
et nous devinons dans le lointain de la colline la
place des bergeries et des vacheries ruinées ou
disparues. Voici l'allée de marronniers qui sert de
chaque côté de verdoyante haie au murmurant
ruisseau, à la place du frêne doré, de l'epicea, du
pin blanc du Canada et du peuplier suisse, qui
garnissent ses abords en avant du temple. A mi-
hauteur de la pente est le bassin ou réservoir que
domine encore le Neptune colossal sculpté par
Puget pour les jardins de Richelieu, trônant entre
son double trophée de colonnes tri-rostrées.

Enfin, dernier but de notre promenade, voici
le chalet suisse au toit de chaume, qui abrite la
fontaine baptisée du nom de Joséphine.

Il n'y a plus qu'à rebrousser chemin et à revenir au château. Mais ce n'est pas à la Malmaison
qu'on peut prendre congé de ces ombres illustres
et charmantes qui semblent la hanter encore. Le
rendez-vous des amis de ces pieux souvenirs est à
l'église de Rueil, pleine des présents de Napoléon,
dont le maître-autel montre comme le plus beau
fleuron de sa couronne le bas-relief acheté par lui
en 1805, et dont le principal tableau, l'*Assomp-*

tion de la Vierge, est un don (1806) de cette libérale sollicitude à laquelle, dès 1804, sur les in-
stances du comte Robert de Tascher de La Pagerie,
funèbre habitant aussi de l'église qu'il protégea,
furent dues les réparations nécessaires pour le culte
et la restauration du saint lieu déshonoré, dont des
bottes de paille fermaient encore les fenêtres.

A l'église de Rueil seulement on peut dire le
dernier adieu à Joséphine, à qui la piété filiale et
l'amitié fraternelle d'Eugène et d'Hortense ont
élevé un tombeau, et à la reine Hortense elle-
même, dont la dépouille mortelle repose dans la
crypte du cénotaphe dû à son fils, auprès de cette
mère qu'elle a tant aimée et qui fut si digne de
l'être, sous cette voûte où elle a prié si souvent,
agenouillée parmi les paroissiens de Rueil, pour
l'Empereur et pour la France.

C'est en 1824 que la reine Hortense et le prince
Eugène achetèrent une des chapelles de l'église
de Rueil, et y firent élever le tombeau de leur
mère. Ce monument, de marbre blanc veiné, fut
exécuté par MM. Gilet et Dubuc, d'après les dessins de l'architecte Berthaud, l'auteur des plans
du jardin et du parc de la Malmaison, à qui il fut
donné de consacrer ainsi son talent à la décoration
de la résidence préférée de Joséphine et de sa der-

nière demeure. Le monument consiste en une voûte à plein cintre, ornée de rosaces et supportée par quatre colonnes d'ordre ionique, élevées sur un piédestal de deux mètres de hauteur, quatre mètres de largeur et un mètre quatre-vingt-dix centimètres de profondeur. Les colonnes sont hautes de quatre mètres et l'archivolte de trois mètres. Le corps de l'Impératrice est déposé dans le massif du socle. Il est renfermé dans trois cercueils, l'un de plomb, le second d'acajou et le troisième de chêne.

Le socle porte l'inscription suivante, gravée en creux et dorée :

A JOSÉPHINE

EUGÈNE ET HORTENSE.

1825.

Une statue de l'impératrice Joséphine, en marbre de Carrare, ouvrage de Cartellier, la représente en costume de cour, agenouillée sur un carreau devant un prie-Dieu peut-être trop petit en proportion. Cette statue, ouvrage d'un homme que Joséphine estimait et inspirée par un reconnaissant souvenir, est, au dire des rares survivants de l'époque contemporaine, d'une vivante ressemblance.

L'artiste a été gêné par la préoccupation d'éluder les prohibitions jalouses de la Restauration, qui, voulant effacer de l'histoire tout ce qui n'était pas elle, et voyant une usurpation jusque dans les témoignages de la réalité et une injure jusque dans les funèbres hommages rendus par la fidélité à d'autres restes que ceux de ses ancêtres, avait défendu à son ciseau toute marque et tout attribut du pouvoir souverain qu'elle ne reconnaissait pas. Par suite de l'innocent artifice du sculpteur et de l'architecte coalisés, le socle a été élevé comme un trône, et le peigne a pris les proportions d'un diadème. Mais peut-être les détails exquis de la statue, son profil délicatement modelé et ses draperies finement travaillées sont-ils un peu écrasés et étouffés comme effet par la masse des colonnes et du cintre. Ce mausolée, malgré ces imperfections presque inévitables, n'en est pas moins un travail fort distingué et digne de sa destination. Il n'est pas jusqu'à son caractère, plus profane peut-être que religieux, qui ne soit un trait piquant et inoffensif de ressemblance dans cette oraison funèbre de marbre.

Nous avons déjà donné les détails caractéristiques de l'agonie et de la mort de Joséphine, et tenu pour ainsi dire, d'après les témoins de cet émouvant spectacle, le journal de ses dernières heures. Il nous reste à compléter par quelques renseignements sur ses obsèques, qui trouvent ici leur place naturelle, ce pathétique épisode. Le corps de l'Impératrice avait été placé dans un petit salon qui précédait la chambre mortuaire, sur un lit de parade environné de cierges. Un autel richement décoré avait été élevé à droite de la porte d'entrée et entouré de chaises et de fauteuils, emblèmes de cette conversation dans laquelle Joséphine excellait et où elle aimait à épancher son cœur, sans songer à son esprit. Dans ce salon drapé de noir, mais sans chiffre ni écusson, deux desservants des villages voisins et le curé de Rueil, confidents et intermédiaires des habituels bienfaits et des aumônes de la généreuse princesse, veillaient en priant, assistés de quatre valets de chambre, députés des regrets de la maison.

Depuis le 29 mai jusqu'au 2 juin, jour de l'inhumation, plus de vingt mille personnes accomplirent, comme nous l'avons dit, ce funèbre pèlerinage de la chambre de Joséphine et lui dirent le dernier adieu de la piété, de l'admiration et beaucoup de la reconnaissance. Cette multitude en deuil circulant dans les jardins en fleurs donna aux préparatifs des obsèques une physionomie particulière de douloureuse poésie.

A midi eurent lieu les funérailles, dirigées par le grand-duc de Bade (époux de la grande-duchesse Stéphanie de Beauharnais, nièce de l'auguste défunte), le marquis de Beauharnais, ancien ambassadeur, son beau-frère, le comte de Tascher son neveu, et le comte de Beauharnais, chevalier d'honneur de Marie-Louise.

Le cortége funèbre, en tête duquel, au milieu de ces personnages de la famille, on ne remarquait pas sans une profonde émotion les deux jeunes enfants de la reine Hortense, et dans lequel prirent place le général Sacken, représentant de l'empereur de Russie, l'adjudant général du roi de Prusse, au nom de son souverain, et un grand nombre de princes étrangers, de maréchaux, de généraux et d'officiers français, sortit de la Malmaison par la grille d'honneur et suivit jusqu'à Rueil l'avenue de Paris, fourmillante de la double haie d'une multitude compacte et attendrie, contenue d'un côté par une ligne de hussards russes, de l'autre par des gardes nationaux. Toutes les bannières des confréries de la paroisse, voilées de deuil, portées par un groupe de jeunes filles vêtues de blanc, étaient venues au-devant de leur bienfaitrice qu'accompagnaient, fermant la marche, deux mille pauvres de tout âge et de tout sexe, faisant par leurs larmes la plus belle oraison funèbre de Joséphine, sans faire tort à celle, courte, sincère, émue, que prononça à l'évangile M. de Barral, archevêque de Tours, premier aumônier de l'Impératrice, qui célébra la messe assisté des évêques d'Évreux et de Versailles.

La reine Hortense, en attendant les restes de sa mère adorée, pleurait et priait, ensevelie dans un long voile, dans une des chapelles de l'église. Elle voulut suivre le cercueil jusqu'au caveau du cimetière où il devait être déposé provisoirement, et on eut de la peine à l'arracher, au milieu des sanglots universels, à ce lieu de suprême séparation et de dernier adieu. On l'emporta presque inanimée jusqu'à Saint-Leu, où le prince Eugène vint la rejoindre, et où tous deux purent goûter la consolation de mêler leurs larmes et leurs regrets en baisant cette belle chevelure maternelle coupée par mademoiselle Cochelet sur le front de l'Impératrice, relique parfumée de la vie arrachée à la mort.

De tout cela que reste-t-il aujourd'hui? Un souvenir, un tombeau et un acte ainsi conçu :

« Le 2 juin, a été inhumée dans l'église de cette paroisse, par l'autorisation du ministre de l'intérieur, l'impératrice Joséphine, née Marie-Joséphine-Rose de Tascher de La Pagerie, le 24 juin 1763, mariée le 8 mars 1796 à *Napoléon Buonaparte*, sacrée et couronnée impératrice le 2 décembre 1804, décédée dans son palais de Malmaison, de cette paroisse, le 29 mai dernier, à midi. Laquelle inhumation a été faite en la présence de moi, curé soussigné, par Mg^r Louis-Matthieu de Barral, archevêque de Tours, premier aumônier de feu S. M. l'impératrice Joséphine, en la présence des soussignés.

» *Signé :* Pierre-Louis de Busset, ancien maréchal de camp, l'un des membres de la municipalité, adjoint au maire de la commune; Brochier, curé.... [1] »

A côté du tombeau de Joséphine, on remarque celui de son oncle, protecteur plein de sollicitude de l'église de Rueil, et qui y méritait, par son dévouement à Joséphine et au lieu, la place de la fidélité.

C'est par ordre de l'Impératrice que son oncle, le baron de Tascher de La Pagerie, vint l'attendre au funèbre rendez-vous de sa famille, et c'est par ses soins pieux que l'ami de sa jeunesse est devenu le compagnon de sa mort.

En rentrant à Paris d'Allemagne, le 26 janvier 1806, après les noces d'Eugène, dont la paix de cette année alluma triomphalement les flambeaux, Napoléon et Joséphine y avaient retrouvé l'oncle

---

[1] *Rueil, le château de Richelieu, la Malmaison*, etc...., par MM. Jacquin et Duesberg, 1845, p. 204.

de cette dernière, le baron de Tascher, arrivé depuis peu de la Martinique, dont la modeste renommée guerrière et maritime avait été si fort éclipsée par les gloires postérieures de sa maison, et qui s'en réjouissait énergiquement. L'Empereur accueillit le vieux marin, qui avait si bien défendu la Martinique contre les Anglais à une époque de lutte coloniale et de gloire maritime, avec une flatteuse et sympathique bienveillance. Il le logea à l'hôtel de la rue de la Victoire, que le prince Louis avait abandonné pour son palais de la rue Cerutti (aujourd'hui rue Laffitte), et en attendant de nouveaux et prochains témoignages de son estime, il le nomma commandant de l'une des cohortes de la Légion d'honneur.

Mais au grand regret de Joséphine, partagé par l'Empereur, les blessures de la guerre, les émotions du bonheur, les fatigues de sa nouvelle vie, ne tardèrent pas à emporter le vieux marin, qui n'avait pu embrasser à son retour le marquis de Beauharnais, son frère d'armes, et sa sœur, devenue la femme de l'ancien gouverneur de la Martinique. L'influence d'un climat nouveau rendit mortelle une attaque de goutte à laquelle, après trois mois de souffrance, succomba le baron, bénissant sa nièce et glorifiant son neveu. Au lit de mort, le 25 février 1806, il recommanda solennellement, avec l'éloquence de l'agonie, à sa fille et à ses fils, tous officiers comme lui, une inviolable fidélité envers l'Empereur, et une éternelle reconnaissance envers la parente qui s'était constituée leur bienfaitrice : serment cimenté par le sang et traditionnellement tenu dans cette loyale maison. C'est par les soins de Joséphine qu'il fut inhumé dans l'église de Rueil, qu'elle avait déjà désignée pour sa sépulture, sous ce monument de marbre blanc auquel les deux rostres donnent une apparence de nef, digne tombeau d'un marin illustre, et dont l'inscription atteste, avec la noblesse du style lapidaire, des sentiments d'une filiale affection :

« Joséphine, épouse de Napoléon, empereur, a fait élever ce monument à son oncle illustre Robert-Marguerite de Tascher de La Pagerie, gouverneur de l'île de la Martinique, grand-officier de la Légion d'honneur, mort à l'âge de soixante-six ans. »

C'est dans l'ancienne chapelle funéraire des seigneurs de Buzenval, qui fait face à celle où repose Joséphine, et dans la crypte construite sous son cénotaphe, qu'ont été déposés les restes de la reine de Hollande, Hortense de Beauharnais, morte le 5 octobre 1837, à son château d'Arenemberg, sur les bords du lac de Constance, et dont le corps, ramené, selon son vœu suprême, par le comte de Tascher de La Pagerie, son cousin, dans cette patrie que son âme n'avait jamais cessé d'habiter, y entra le 19 novembre 1837, ainsi qu'il résulte de ce procès-verbal dont la sécheresse officielle a son éloquence secrète :

« Le 19 novembre 1837, d'après l'autorisation du gouvernement, a été déposé par M. le comte de Tascher de La Pagerie, général-major, chambellan de S. M. le roi de Bavière, membre de la Légion d'honneur, chevalier de la Couronne de fer du royaume d'Italie, grand-croix de l'Ordre militaire de l'Épée de Suède, officier de l'Ordre de l'Étoile du Sud du Brésil, un cercueil contenant les dépouilles mortelles de Hortense-Eugénie de Beauharnais, reine de Hollande, duchesse de Saint-Leu, née à Paris le 10 avril 1783, fille du premier lit de Marie-Rose-Joséphine Tascher de La Pagerie, impératrice des Français, et de Vincent-Alexandre de Beauharnais, belle-fille et belle-sœur de Napoléon, empereur des Français et roi d'Italie, mariée à Paris le 3 janvier 1802, à Louis-Napoléon, roi de Hollande, proclamée reine le 14 mai 1806, et décédée en son château d'Arenemberg, canton de Thurgovie, le 5 octobre 1837, à cinq heures du matin; ledit cercueil a été placé dans une chapelle, ledit jour 19 novembre 1837, en attendant qu'il pût être mis dans un caveau.

» *Signé :* le comte Tascher de La Pagerie, Mouguin, Laffitte, Martner, curé de Rueil. »

Le 8 janvier 1838, le cercueil, qui, depuis le 19 novembre, attendait dans une chapelle ardente qu'en vertu de la convention signée enfin le 12 décembre entre la fabrique et le comte de Tascher, il pût entrer dans son dernier asile, y fut enfin déposé. La cérémonie funèbre eut lieu à onze heures du matin, au milieu d'une assistance choisie et recueillie, en tête de laquelle on remarquait, abîmée dans les souvenirs et la douleur, la sœur de Napoléon, la veuve du roi de Naples, cette Caroline, belle, spirituelle, aimée comme Hortense, reine comme elle, déchue comme elle, exilée comme elle, et qui ne devait lui survivre que jusqu'au 18 mai 1839. Rien ne saurait rendre l'émotion profonde qui, pour tous les esprits et tous les cœurs de cet auditoire fidèle, naissait de ces contrastes de la grandeur des personnes avec l'humilité du lieu, de cette royauté venant chercher un tombeau dans une église de village, et de cette coïncidence de la fin d'un grand nom et d'une grande fortune avec la fin même d'une belle vie. Jamais le néant des choses humaines n'avait été attesté par un plus touchant exemple, et la grandeur de la leçon semblait s'accroître de la modestie de son théâtre. Le temps, conforme à ces impressions, était froid, gris et triste, et le deuil de la nature semblait s'unir à celui des cœurs, en présence de ce reste unique de tant de grâce porté au tombeau par les vétérans cicatrisés de cette armée qui fut la grande armée. Du haut de son mausolée, Joséphine semblait sourire à sa fille et lui dire, en priant pour elle, une muette bienvenue.

Le lendemain, le corps de la reine Hortense fut porté au caveau funèbre, son définitif séjour, après lecture du procès-verbal et constatation de l'état des sceaux et des lacs noirs, reconnus intacts, qui fermaient la bière. Le corps reposait dans un cercueil de plomb, renfermé dans un autre d'acajou, que recouvrait une caisse de chêne; sur celle-ci se trouvait un écusson d'argent portant une inscription commémorative dont tous les éléments nous sont connus.

Le procès-verbal ouvert et clos en présence du comte de Tascher de la Pagerie; de M. le lieutenant général François, marquis de Beauharnais, ancien ambassadeur de France, grand-croix des ordres d'Autriche et d'Espagne, de Saint-Jean de Jérusalem, chevalier des ordres de Saint-Louis et de la Légion d'honneur, oncle de la Reine; du maréchal comte Clausel, grand-cordon de la Légion d'honneur, etc.; de M. Jacques Laffitte, banquier,

ex-député ; de M. Muguin, avocat, député ; de
M. le baron Félix Desportes, ex-préfet de l'Empire ; de MM. Rotanger, maire, Martner, curé,
porte leurs signatures.

Le soir même de l'inhumation, le caveau fut
muré, et l'escalier qui y conduit scellé par une
dalle. La chapelle de Buzenval fut également dal-
lée de granit noir, et les parois du pourtour revêtues de marbre.

Le monument funèbre qui devait remplir la chapelle, confié d'abord à David d'Angers, puis au
sculpteur Bartolini de Florence, ne fut inauguré
que le 29 avril 1845, par suite des retards mis par
cet artiste à s'acquitter de sa tâche.

C'était un piédestal de marbre multicolore, portant sur chacune de ses quatre faces un médaillon ;
sur le premier étaient sculptées en bas-relief les
armes d'Hortense. Le second représentait la Charité, d'après une médaille frappée en l'honneur de
la Reine, aumônière par excellence, où sa vertu
de prédilection était figurée sous ses traits. Les
attributs des beaux-arts, cultivés avec tant de succès
par la Reine, composaient le motif des deux autres.
Sur le piédestal était agenouillée une statue de la
Reine, malheureusement maniérée et peu ressem-
blante, avec les mains croisées dans l'attitude de

la résignation, et le long voile qui l'enveloppait presque tout entière.

Dès 1854, la filiale sollicitude de l'Empereur se préoccupa de la restauration nécessaire de l'église et de la construction dans la chapelle maternelle d'un monument plus digne de sa destination et de sa dédicace.

L'église de Rueil, dont la première pierre fut posée, en 1584, par Antoine Ier, roi de Portugal (encore un roi détrôné et exilé), était fort délabrée. MM. Eugène Lacroix, architecte de la couronne, et M. Mauguin, architecte des monuments historiques, furent chargés de concert des travaux de consolidation, de réparation et d'embellissement, de façon à faire ressortir sans anachronisme et sans contradiction les beautés de cette tour romane, d'un style très-pur, de la nef, des parties latérales et du portail principal, bâtis par les soins du cardinal de Richelieu. Les travaux durèrent quatre années, et le deuxième portail du côté du nord, qui porte la double date 1603-1857, en résume fidèlement le soin pieux, l'archaïsme savant, l'heureuse harmonie.

Pendant que ces travaux se poursuivaient, M. Barre, sculpteur, chargé du monument commémoratif, l'exécutait sur les voûtes de la crypte que son collègue de l'art, M. Lacroix, agrandissait et solidifiait avec soin.

Le funèbre monument fut inauguré le 27 juin 1858, dans une solennité tout intime, à laquelle ne manquèrent point les marques de la sympathie et du dévouement populaire en présence de l'Empereur et de l'Impératrice, du maréchal Magnan et des autorités locales, qui avaient cru pouvoir violer par leur participation l'étiquette de l'incognito souverain.

Le monument, tout en marbre blanc des Pyrénées, se compose d'une arcade dans le style gréco-romain, supportée par deux colonnes corinthiennes, hautes de deux mètres quatre-vingt-dix centimètres, élevées sur un piédestal d'un mètre soixante-cinq centimètres, orné de guirlandes et de couronnes. L'arcade, haute de trois mètres quarante-cinq centimètres et large d'un mètre soixante-dix centimètres, entoure et protège la statue de la reine. Hortense est représentée, suivant l'usage funéraire, à genoux, les yeux élevés au ciel par une fervente prière, où il est question, on le voit à l'expression de son visage, de tout ce qu'elle aime. La couronne royale et une lyre, emblème de son pouvoir et de son charme, symbole de sa double royauté, reposent devant elle sur son coussin. Un ange qui semble se détacher du fond du monument lui tend les bras, avec le geste d'une sorte d'Annonciation.

Sur le piédestal on lit cette simple et touchante inscription :

A LA REINE HORTENSE
SON FILS, NAPOLÉON III.

Un escalier placé dans l'angle de la chapelle descend à la crypte, fermée par une porte de fer ouvragé, et dont la disposition rappelle les chapelles souterraines romanes.

Des groupes de colonnes courtes et trapues, comme il convient à des supports funèbres, soutiennent les arceaux de la voûte, dont une lampe funéraire et deux flambeaux de bronze éclairent d'une éternelle lumière la mystérieuse profondeur.

Au fond de la crypte, sous un arceau profond, les restes de la reine Hortense, enfermés dans un triple cercueil, reposent dans un sarcophage monolithe, que dominent, sculptés sur la paroi, le manteau royal et la couronne de Hollande, symboles de la majesté perdue, et que recouvrent un suaire et une palme d'or, emblèmes de l'adversité et de l'exil noblement supportés, de la dignité de la vie et de l'humilité de la mort.

16.

CATALOGUE

DESCRIPTIF, CRITIQUE ET ANECDOTIQUE

DES OBJETS

exposés sous les auspices

DE S. M. L'IMPÉRATRICE

Et provenant de la collection privée de Leurs Majestés,
des magasins du Mobilier de la Couronne,
ou des communications faites par des particuliers [1].

PORCHE D'ENTRÉE.

Nᵒˢ

1. BUSTE DE JULES CÉSAR, moulé sur l'antique; plâtre.

Musée du Louvre.

2. BUSTE D'AGRIPPA, gendre d'Auguste, moulé sur l'antique; plâtre.

Musée du Louvre.

[1] Nous avons dû borner notre catalogue à l'enregistrement des seuls objets se rattachant à la Malmaison ou à ses hôtes par un lien authentique ou un historique souvenir.

VESTIBULE.

3. **Satyre** barbu, couronné de lierre. Buste antique; marbre.

Musée du Louvre.

4. **Diomède**. Buste antique; marbre.

Musée du Louvre.

5. **Femme voilée**, figure sacerdotale. Buste antique; marbre.

Musée du Louvre.

6. **Déesse Roma** (casquée). Buste antique; marbre.

Musée du Louvre.

7. **Diane chasseresse**. Statue antique; marbre.

Musée du Louvre.

8. **Le Philosophe** ou **Aristide**. Marbre; copie de statue antique.

Musée du Louvre.

9. **Le Tireur d'épine**. Statue; épreuve de bronze moulée sur l'antique.

Musée du Louvre.

AILE GAUCHE.

SALLE A MANGER.

Surtout en marbre et pierres précieuses offert à l'empereur Napoléon par le roi d'Espagne Charles IV.

Garde-meuble de la Couronne.

SALLE DU CONSEIL.

10. Table de conseil couverte d'un tapis de velours de soie gris dont se servait l'Empereur au palais de Fontainebleau et sur lequel il a écrit son nom.

Garde-meuble de la Couronne.

11. Buste de Napoléon, marbre.

Appartient à M. le marquis de Grimaldi.

L'attribution de ce buste, provenant de la vente du marquis d'Aligre, à Canova, est sujette à controverse. Canova n'a fait de Napoléon, dès le Consulat (1802), qu'un buste colossal destiné à surmonter une statue de douze pieds de haut, terminée en 1812, aujourd'hui en Angleterre. Et ce buste, portrait d'étude, n'a été modelé qu'en terre cuite. (Quatremère de Quincy, *Canova et ses ouvrages,* 1834, p. 121 et 211.)

Cependant le Musée d'Ajaccio exhibe un buste de Napoléon par Canova. Cependant Pradier trouvait notre buste digne de lui être attribué. En pareille matière, les doutes abondent. Nous avons dit les nôtres et leurs causes. A plus savants de décider.

12. Secrétaire offert par la ville de Bordeaux à Napoléon Ier.

Garde-meuble de la Couronne.

BIBLIOTHÈQUE.

13. Globe terrestre ayant servi à l'instruction du Roi de Rome, et exécuté par ordre de Napoléon (1814).
Cette sphère, dont les inscriptions sont manuscrites, porte l'indication détaillée, à leur place, des victoires

qui ont illustré le nom de Bonaparte et de Napoléon, à commencer par l'expédition d'Égypte. Le méridien est un grand cercle en cuivre gravé, tout d'une pièce. Le cercle représente les douze signes du Zodiaque, peints sur bois et vernis. Ce chef-d'œuvre de patience et de calligraphie est monté sur quatre pieds tournés à balustre en merisier verni. Dans le socle, en bois noir, se trouve une boussole.

Appartient à madame veuve Boubée.

14. GARNITURE DE CHEMINÉE. Pendule surmontée de deux groupes en bronze doré représentant l'un *le Temps*, l'autre *Minerve*. Candélabres à cinq lumières, enseignes romaines, trophée de drapeaux et aigles en bronze doré et vert antique avec les initiales de la Légion d'honneur (H. P.).

Appartient à M. le marquis d'Hertford.

15. ENCRIER en vermeil dont le pivot central, en tournant, offre, au milieu d'une boîte qui s'ouvre, le portrait-miniature de Madame, mère de l'Empereur. Offert par elle à son auguste fils.

Appartient à madame la princesse Julie, marquise de Roccagiovine.

16. CORBEILLE EN BOIS D'ACAJOU dépendant du bureau de la bibliothèque.

Achetée en juin 1829 à la vente faite à la Malmaison, par le ministère de M. Casimir Noël, judiciairement commis à cet effet. Portée au procès-verbal d'adjudication sous le n° 490.

Communiqué par M. Brichard, fils de l'acquéreur.

17. TOMBEAU D'EUPHÉMON, en liége, par *Giot*.

Garde-meuble de la Couronne.

18. MONUMENT en liége en forme de temple, à douze colonnes basses, chapiteaux corinthiens, par *Giot*. Commémoratif des victoires de Bonaparte, et à lui offert
à son retour d'Italie (20 germinal an VII).

Garde-meuble de la Couronne.

19. BUREAU de Napoléon Ier à Compiègne.

Garde-meuble de la Couronne.

20. RECUEIL des modèles retouchés, par REDOUTÉ, des
93 planches formant la collection complète publiée en 3 vol. in-folio sous le titre de JARDIN DE LA
MALMAISON, texte de M. P. Ventenat et d'Aimé Bonpland, illustrations de Rédouté.

Le *Magasin encyclopédique*, VIIIe année, t. V, an XI (1803),
p. 126 et 127, annonçait en ces termes la publication prochaine des premiers fascicules de ce magnifique ouvrage :

JARDIN DE LA MALMAISON,

par *E. P. Ventenat*, de l'Institut national de France,

l'un des conservateurs de la bibliothèque du Panthéon.

« L'ouvrage, qui contiendra la description des plantes du
Jardin de la Malmaison [1], paraîtra par livraisons. Chaque li-

____

[1] Ce jardin est devenu un des plus beaux et des plus intéressants
de la République. Le célèbre traducteur des *Géorgiques* l'avait déjà
cité avec distinction. Madame Bonaparte, qui seconde avec un zèle
constant les progrès des sciences et des arts, a surtout contribué à

vraison sera composée de six plantes coloriées. La première sera publiée dans le courant de pluviôse, et les autres successivement de deux mois en deux mois.

» Le format de cet ouvrage est grand in-folio sur papier vélin, dit nom de Jésus. Il n'en sera tiré que deux cents exemplaires.

» Le prix de chaque livraison est de 40 francs. La distribution sera faite d'après l'ordre des souscriptions.

» Les plantes sont peintes par Redouté, auteur des *Liliacées.* Les artistes les plus habiles concourent à la perfection des figures et à l'impression du texte, etc... »

Le *Jardin de la Malmaison* n'est pas le seul ouvrage entrepris sous l'inspiration et avec la protection de Joséphine, ni le seul témoignage de sa sollicitude pour les arts et pour les fleurs, et de la reconnaissance des savants et des artistes. Il en existe un autre monument dans le magnifique ouvrage de Duhamel, in-folio, intitulé *Traité des arbres et des arbustes que l'on cultive en France en pleine terre* [1], et dédié comme le *Jardin de la Malmaison* à l'impératrice Joséphine, en termes non moins expressifs :

..... « Vous, Madame, dont le nom rappelle à la fois les hautes
» qualités que le monde admire et les touchantes vertus qu'il chérit,
» vous aussi vous aimez l'agriculture ; vous prenez plaisir à rassembler
» dans vos jardins les végétaux les plus rares, et déjà vous désignez
» les contrées de la France que vous voulez enrichir de ces produc-

l'enrichir. Sa collection de plantes, par la beauté et la rareté des objets qu'elle comprend, mérite d'être citée comme une des plus précieuses de l'Europe. Des ordres ont été donnés pour se procurer, dans toutes les parties du globe, les végétaux qui y croissent spontanément. Encore quelques années, et ce bel établissement aura acquis le caractère de grandeur que doit imprimer à tout ce qui l'environne le nom de Bonaparte.

[1] Deuxième édition.

» tions étrangères. Ainsi, par vos soins, cette même terre que le Pre-
» mier Consul a si vaillamment défendue, nous offrira bientôt des
» ressources et des jouissances nouvelles, » etc.

Cette dédicace est signée par B. Mirbel, « honoré de la confiance
» et chargé de l'exécution des utiles projets » de Mme Bonaparte.

Le recueil de ses dessins originaux avait été donné par
Redouté à son collaborateur et ami P. Ventenat. Il est inscrit
au n° 422 du *Catalogue* des livres de la bibliothèque de feu
M. Ventenat. Paris, chez Tilliard frères, libraires, rue Pavée-
Saint-André des Arts, n° 16 (décembre 1808). Il a été com-
muniqué par M. le docteur Haracque, gendre de Ventenat.

Les feuilles de ce Recueil ont été déployées et étalées sur
les rayons de la bibliothèque, veuve de ses volumes, dispersés
au vent des enchères et dont quelques débris se retrouveraient
soit à la bibliothèque du Louvre, soit à celle du palais de
Saint-Cloud.

Les autres feuilles composant cette décoration improvisée,
fort bien assortie au caractère de la bibliothèque, au ton de
son ornementation et au panorama verdoyant et fleuri des jardins sur lequel s'ouvrent les fenêtres de la bibliothèque, appartiennent : 1° à un fascicule de dessins originaux et inédits
de Redouté, faits d'après nature à la Malmaison ; 2° à la collection de son illustration du JARDIN DE CELS, première publication de Ventenat et de Redouté associés, qui donna à Joséphine l'idée de celle qu'elle honora de son patronage, de
même que la vue des jardins de M. Cels, sans rivaux avant
ceux de la Malmaison, lui avait inspiré l'émulation de les sur-
passer ; 3° à deux publications analogues et presque contem-
poraines, la FLORA ROSSICA de Pallas, entreprise par ordre et
aux frais de Catherine II (Petropoli, MDCCLXXXIV) et la DES-
CRIPTION DES PLANTES LES PLUS RARES DES JARDINS DE SCHOEN-
BRUNN (en latin) *operâ et sumptibus Nicolai Josephi Jacquin,*

1797. 2 vol. in-folio. Ces deux ouvrages, très-inférieurs de
typographie, de papier, de gravure, à la collection destinée à
immortaliser ce jardin de la Malmaison, Trianon de Joséphine,
dont Ventenat fut le Jussieu, avaient été offerts à madame
Bonaparte et à l'impératrice Joséphine par le czar Paul Ier et
par l'empereur François. Ils forment les glorieux trophées de
la modeste succession de Ventenat, dont le digne gendre cultive pieusement la mémoire.

21. Table ovale couverte en drap bleu, provenant de la
     bibliothèque de l'Empereur au palais de Fontainebleau
     et sur laquelle il développait ses cartes.

                         Garde-meuble de la Couronne.

     Sur cette table, nous avons placé une statuette en
     bronze florentin représentant Napoléon, assis à côté
     d'une table, le compas à la main.

                         Appartient à lord Hertford, n° 157.

22. Fauteuil de Napoléon Ier, dépendant du bureau d'une de
     ses résidences.

                         Garde-meuble de la Couronne.

22 *bis*. Tableau représentant le Napoleone imperiale, plante
     ayant fleuri pour la première fois à la Malmaison,
     gravé aux frais de l'impératrice Joséphine.

Communiqué par M. Brichard, n° 762 du procès-verbal de vente.

AILE DROITE.

SALLE DE BILLARD.

23. Pendule monumentale et triomphale, offerte au Pre-
     mier Consul, dont elle porte le portrait-miniature
     enchâssé dans son piédestal.

                         17

Les Renommées qui soutiennent ce portrait, l'aigle qui le supporte, les bas-reliefs représentant les *Douze travaux d'Hercule*, les tortues qui rampent, en cariatides, sous l'édifice horaire, que surmonte un Nil allégorique, tout rappelle cette merveilleuse campagne d'Égypte, dont s'est inspiré le génie de l'artiste auteur de ce chef-d'œuvre, et appelé *Cave*.

Appartient à M. Cottu.

24. BUSTE DU ROI LOUIS, frère de l'empereur Napoléon Ier. Marbre.

Appartient à S. M. l'Empereur.

25. BUSTE DE LA REINE HORTENSE. Marbre.

Appartient à S. M. l'Empereur.

26. BUSTE DE L'IMPÉRATRICE JOSÉPHINE, par Chinard, de Lyon. Marbre.

Appartient à S. M. l'Empereur.

ANTICHAMBRE.

27. SEPT PORTRAITS de personnages musulmans.
Dessins au crayon noir et à l'estompe sur papier. Auteur inconnu (peut-être Denon, peut-être Isabey). Souvenirs de l'expédition d'Égypte.

Le *Catalogue imprimé* de la galerie de la Malmaison (1811) indique, page 26, sous le n° 201, *six portraits de Scheck* (*sic*), par Rigo, mais sur toile. Sont-ce les nôtres, ou les originaux des nôtres?

L'antichambre, où nous remarquons en passant un superbe trépied, porté par des figures de Nubie et surmonté d'une *Victoire* en bronze vert antique, appartenant à lord Hertford, conduit à l'escalier du premier étage. Nous ajournons le moment d'y monter pour poursuivre et achever notre revue des appartements du rez-de-chaussée.

SALON.

UN CANAPÉ.
QUATRE FAUTEUILS.
QUATRE CHAISES.

DEUX CAUSEUSES.
HUIT FAUTEUILS.
QUATRE CHAISES.
DEUX TABOURETS.
UN ÉCRAN.

> Le tout en bois doré, couverts en lampas fond jaune, et provenant du salon de réception de l'impératrice Joséphine au palais de Saint-Cloud.
>
> Garde-meuble de la Couronne.

28. BUSTE DE MADAME, mère de l'empereur Napoléon Ier.

> Appartient à S. M. l'Empereur.

29. MÉTIER A TAPISSERIE ayant appartenu à l'impératrice Joséphine.

> Garde-meuble de la Couronne.

30. TABLE A OUVRAGE avec sac à laines.

> Garde-meuble de la Couronne.

31. PENDULE-TEMPLE en marbre et pierres précieuses.
DEUX CANDÉLABRES à six lumières.

Ces deux derniers objets faisaient partie du surtout offert à l'empereur Napoléon par le roi d'Espagne Charles IV.

Garde-meuble de la Couronne.

32. LE SALON DE LA MALMAISON. Aquarelle, par Loelliot (1826).
A appartenu à la reine Hortense.

A S. M. l'Empereur.

GALERIE.

33. TABLE recouverte en verroterie, offerte par la ville de Venise à l'empereur Napoléon.

Garde-meuble de la Couronne.

34. BUSTE DU ROI LOUIS, frère de l'empereur Napoléon Ier, par Bartolini.

35. BUSTE DE L'IMPÉRATRICE JOSÉPHINE, par Bartolini.

36. JEUNE FILLE COUCHÉE. Statue, par F. C. Moreau.

Musée du Louvre.

37. TABLE-GUÉRIDON, montée par Ravrio, pieds à griffons ailés, avec tige en bronze ciselé et doré. Provient de la vente du mobilier du château de la Malmaison, où elle a été acquise par M. Lebeau, conseiller à la Cour de cassation.

Communiqué par M. Louis Outrebon.

38. DEUX GRANDS VASES en albâtre, forme étrusque.

Communiqué par M. Brichard, n° 795 du procès-verbal de vente du mobilier de la Malmaison.

39. **Lyre** ayant appartenu à l'impératrice Joséphine, donnée par elle à mademoiselle Cochelet, et par celle-ci à son amie, madame Pierre Ramand. Un certificat de M. Pierre Ramand, mari de la donatrice, et encore existant, atteste l'authenticité de cette provenance et de cette filiation. Le propriétaire actuel de cette lyre est M. A. Deloche, qui l'a offerte à la commission chargée d'organiser la présente Exposition.

40. **Harpe** en acajou et bronze doré dont se servait l'impératrice Joséphine à la Malmaison.

Garde-meuble de la Couronne.

Sous le n° 45, signalons ici un volume des OEuvres musicales de la reine Hortense, et rappelons, à ce propos, l'excellent et original travail de M. Eugène Gautier inséré au *Moniteur* de 1863 (*Pays* du 19 juin).

41. **Table dite des Maréchaux**, en porcelaine de Sèvres, peinte par Isabey, et donnée en 1810 par Napoléon à la ville de Paris.

Nous reproduisons la *Notice* que nous communique la propriétaire de ce chef-d'œuvre, madame veuve de Serres, et qui donne à la fois la description de la table et l'explication des circonstances qui l'ont mise en sa possession.

« Cette Table en porcelaine, de 9 pieds 6 pouces de circonférence, et d'une seule pièce, est le plus beau produit de la manufacture de Sèvres. Commandée par Napoléon à son retour d'Austerlitz, elle ne fut terminée qu'en 1810 ; c'est à cette époque qu'il en fit présent à la ville de Paris. Les quatorze portraits qui la décorent sont de la plus exacte ressemblance et peints par Isabey : cette grande composition passe pour son chef-d'œuvre.

« Après avoir érigé l'admirable trophée de la place Vendôme à la gloire de la grande armée, gloire si justement acquise dans la mémorable campagne d'Allemagne en 1805, l'Empereur voulut, par

17.

le beau travail d'Isabey, honorer plus particulièrement ceux de ses anciens frères d'armes qui présidèrent aux mêmes triomphes, et transmettre à la postérité la plus reculée les traits des vainqueurs d'Austerlitz.

» Ainsi, ce qui fait surtout de la Table des Maréchaux un monument vraiment *historique* et *national*, c'est que, dans la pensée de Napoléon, elle fut destinée à devenir le complément et pour ainsi dire la seconde page de la Colonne. Il suffira, pour s'en convaincre, de jeter un coup d'œil sur l'ensemble de cette magnifique production.

» On y voit au milieu NAPOLÉON, en pied, revêtu de son costume impérial, et tenant les insignes de sa puissance ; assis sur un trône d'airain, il est le centre de treize rayons où sont inscrits les noms glorieux de *Wertingen*, *Memmingen*, *Elchingen*, *Ulm*, *Augsbourg*, *Braunau*, *Lintz*, *Diernstein*, *Vienne*, *Inspruck*, *Brunn*, *Austerlitz* et *Presbourg*. (Il est bien essentiel d'observer que ces victoires forment à elles seules les sujets des bas-reliefs de la Colonne.) Autour de la table et entre l'extrémité de chaque rayon sont placés les portraits des maréchaux et grands dignitaires dont les noms suivent :

MURAT (Joachim-Napoléon), roi des Deux-Siciles ;
ALEXANDRE BERTHIER, prince de Neuchâtel et de Wagram ;
BERNADOTTE, prince de Ponte-Corvo, ensuite roi de Suède ;
LANNES, duc de Montebello ;
NEY, duc d'Elchingen, prince de la Moskowa ;
BESSIÈRES, duc d'Istrie ;
DUROC, duc de Frioul ;
CAULAINCOURT, duc de Vicence ;
MARMONT, duc de Raguse ;
DAVOUST, duc d'Auerstadt, prince d'Eckmühl ;
MORTIER, duc de Trévise ;
SOULT, duc de Dalmatie ;
AUGEREAU, duc de Castiglione.

» La Table repose sur une colonne également en porcelaine, de trois pieds de circonférence, et ornée de cinq figures allégoriques en relief, représentant la *Guerre*, la *Victoire*, l'*Abondance*, la *Renommée* et l'*Histoire*.

» Ainsi que le socle et le chapiteau, le cadre qui enchâsse la Table est en bronze doré, richement ciselé, et représente des croix d'honneur entourées de branches de chêne et de laurier.

» Tous les ornements, traités avec autant de goût que de richesse et de perfection, ont été exécutés d'après les dessins de MM. Percier et Fontaine.

» Cette superbe pièce, placée d'abord au palais des Tuileries, fut déposée, après que l'Empereur l'eut offerte à la ville de Paris, dans la grande galerie du Louvre, où elle fut l'objet de l'admiration générale. On ne sait au juste ce que son exécution a coûté à Napoléon, qui en fut tellement satisfait qu'indépendamment d'une gratification tout impériale, il accorda à Isabey sur sa cassette particulière une pension annuelle de 6,000 francs.

» A la rentrée des Bourbons, elle fut retirée du Musée et vendue par ordre de Louis XVIII.

» Sous le rapport historique, la valeur de cette Table est inappréciable et ne pourra que s'accroître avec le temps : et sous le rapport de l'art et de l'exécution, les difficultés qu'on a eu à vaincre en augmentent singulièrement le prix. En effet, ce n'est qu'après trois essais de cuisson toujours infructueux (à raison de l'extrême dimension du plateau de porcelaine) qu'une quatrième tentative eut un succès complet. Isabey fut donc obligé de recommencer quatre fois ce chef-d'œuvre, et ce n'est qu'après cinq années de travaux consécutifs qu'il fut achevé en 1810. »

42. LA JEUNE FILLE AUX POUSSINS, par madame Chaudet. **Toile.**

A fait partie de l'ancienne galerie.

43. FRANÇOIS Ier. **Toile**, par Richard Fleuri.

Il montre à la reine de Navarre, sa sœur, ou peut-être à sa maîtresse la duchesse d'Étampes, le dicton, depuis populaire, qu'il vient de graver sur une vitre du château de Chambord, avec le diamant de sa bague :

Souvent femme varie,
Bien fol est qui s'y fie.

A fait partie de l'ancienne galerie.

44. LE CHARLATAN, par Demarne. **Toile.**

A fait partie de l'ancienne galerie.

46. MUSICIEN A SA FENÊTRE. Bois, par Laurent.

> A fait partie de l'ancienne galerie.

47. MUSICIENNE A SA FENÊTRE. Bois, par Laurent.

> A fait partie de l'ancienne galerie.

48. INTÉRIEUR DE LA GALERIE DE LA MALMAISON. Aquarelle, par Aug. Garnerey, commencée en 1812, achevée en 1831 par sa sœur.

49. MARIE STUART RECEVANT SON ARRÊT DE MORT, par Vernet. Toile.

> A fait partie de l'ancienne galerie.

50. PAYSAGE. Effet de lune. Toile (par César Vanloo?)

> A fait partie de l'ancienne galerie.

51. PRAIRIE ET ANIMAUX, par Omeganck. (Bois.)

> A fait partie de l'ancienne galerie. Catal. de 1811.

SCÈNE DE COUVENT, par Laurent (1812). Toile.

52. VALENTINE DE MILAN. Toile, par Richard Fleuri.

> A fait partie de l'ancienne galerie.

53. LA REINE BLANCHE ÉLOIGNANT SAINT LOUIS DE SON ÉPOUSE MALADE. Toile, par Richard Fleuri.

> A fait partie de l'ancienne galerie.

54. CHEVALIER A COTTE FLEURDELISÉE, AGENOUILLÉ. Sujet et auteur inconnus. Toile.

> A fait partie de l'ancienne galerie.

55. LE CHIEN DE L'HOSPICE DU MONT-SAINT-BERNARD, par Wafflard. Toile.

> A fait partie de l'ancienne galerie.

56. VUE D'ITALIE. Paysage, par le baron de Turpin-Crissé
(1811).

A fait partie de l'ancienne galerie.

57. LE FLAMBEAU DE VÉNUS, par mademoiselle Mayer, élève
et amie de Prudhon (1808).

A fait partie de l'ancienne galerie.

LE TASSE ET LA PRINCESSE ÉLÉONORE. Tableau, par Ducis [1]
(1813).

NAISSANCE DE HENRI IV. Auteur inconnu. Toile.

PAYSAGE, par Bidault (1811).

RELIGIEUSE DANS SA CELLULE. Bois, auteur inconnu.

PAYSAGE. Sujet et auteur inconnus.

SCÈNE D'INTERROGATOIRE dans une église, entre un croisé
enchaîné debout devant un prêtre assis. Sujet inconnu. Signé H. R. (1806).

LE TASSE A SORRENTE, par Ducis.

PAYSAGE, par Bidault (1803). Toile.

INTÉRIEUR DE CHAPELLE TUMULAIRE A VITRAUX. Sujet et auteur
inconnus. Toile.

COUR DE COUVENT. Sujet et auteur inconnus.

---

[1] Nous enregistrons ici sans numéro, en partant de la porte d'entrée, un certain nombre de tableaux que nous n'avons pas trouvés
indiqués au catalogue de l'ancienne galerie, mais qui étaient désignés
à la place qu'ils occupent par leur date, leur sujet et l'honneur d'avoir
presque tous appartenu à la reine Hortense et maintenant à l'Empereur.

Buste de jeune femme couronnée de fleurs, par A. Frouchaud (1836).

Musée du Louvre.

Buste de jeune femme couronnée de fleurs, par le même.

Musée du Louvre.

Intérieur flamand. Auteur inconnu.

Françoise de Rimini. Auteur inconnu.

Groupe d'enfants (*la Sculpture et la Peinture*). Marbre, par Fabrucci (1862).

Musée du Louvre.

Les Trois Graces, modèle de Chaudet. Pendule en biscuit de Sèvres.

Garde-meuble de la Couronne.

APPARTEMENTS DU PREMIER ÉTAGE.

ANTICHAMBRE.

58. Deux vases, forme Médicis, en cuivre peint, avec bas-reliefs appliques en bronze ciselé.

Collection du marquis d'Hertford.

59. Table a jeu ayant fait partie de l'ameublement de Napoléon à Longwood.

Musée des Souverains, n° 367.

60. Flambeaux de voyage de l'Empereur.

Garde-meuble de la Couronne.

61. Pendule-régulateur surmontée d'un aigle en cuivre doré, provenant d'une résidence impériale.

Collection du marquis d'Hertford.

62. Bureau dont se servait en campagne l'empereur Napoléon Ier.

De bois d'acajou et fait à cylindre, il est garni de tiroirs : on en compte huit à l'intérieur et quatre au-dessus du cylindre. Les pieds du meuble se dévissent et le bureau pouvait être attaché à la voiture de l'Empereur. Il a été conservé par le garde-meuble de la Couronne, et était placé dans le palais de Trianon.

Musée des Souverains, nº 363.

63. Cadres contenant des lettres autographes de tous les membres de la famille de Napoléon Ier. Ces lettres font partie du beau cabinet de M. Feuillet de Conches, qui les a libéralement communiquées à la commission dont il fait partie.

Premier cadre [1].

Bonaparte (Charles de), père de l'empereur Napoléon (1746-1785.)

Lettre autographe signée *De Buonaparte*, adressée d'Ajaccio, en Corse, le 1er juin 1783, à M. le comte de Mondion :

« Monsieur, nous avons reçu avec un véritable plaisir la lettre que vous avez eu l'amitié de nous écrire le 26 mars dr. Elle nous a tirés de l'embarras où nous étions, ayant égaré la note des adresses de Bourbonne-les-Bains.

» Je viens d'envoyer à mon commissionnaire à Marseille un paquet pour vous, monsieur, contenant deux crespines et trois livres de mousse que nous avons eu de la peine à faire ramasser, à cause que celle de bonne qualité est devenue rare à force d'envoyer chez

---

[1] Nos extraits et nos observations sont placés dans l'ordre même de la disposition des cadres.

l'étranger, de manière qu'aujourd'huy on envoie aux marchands toute sorte d'herbe de mer. Vous pouvez compter que celle que vous recevrez est de la meilleure qualité possible. Le paquet doit vous coûter quinze livres tout compris, et lorsque vous voudrez de la mousse, vous m'avertirez d'avance, et elle vous coûtera, pour l'avoir bonne, trente sols la livre, et vous pouvez faire des cadeaux à bon marché.

» Vous devez être persuadés, monsieur et madame la comtesse, du plaisir que nous aurons de vous revoir; cependant cela dépend beaucoup du hasard, attendu que ma fille[1] a obtenu la place pour l'année prochaine 1784[2], et il pourroit cependant se faire que nous allions à Paris dès l'hiver prochain, si le ministre nous accorde d'amener notre petite.

» Nous sommes sensibles, madame de Buonaparte et moi, au souvenir de mademoiselle de Mondion, et vous prions de l'assurer de notre sincère attachement. J'ai l'honneur d'être, etc... »

Nous avons reproduit cette lettre, moins les fautes inévitables et excusables, quand on manie un idiôme étranger, qui s'y trouvent, sans altérer le parfait bon ton et l'air tout à fait comme il faut de cette épître familière du gentilhomme intelligent, instruit, industrieux, élégant, qui fut le père de Napoléon.

Après le père, la mère des rois, LÆTITIA RAMOLINO, femme de *Charles de Bonaparte* (1750-1839), dont le noble flanc a porté une famille de dynasties. « Bénis soient le sein qui t'a engendré et les mamelles qui t'ont allaité ! »

Voici deux lettres, dont l'une autographe, signée en italien, du 25 messidor, est adressée de Vichy à *Monsieur Louis Bonaparte, colonel au 5me régiment de dragons, aux eaux de Baréges,* et, par suite, d'une date qu'on peut fixer avec certitude entre 1800 et 1801. Celle-là est signée de ce doux titre, déjà glorieux « *Madre* ».

[1] Élisa.
[2] A Saint-Cyr.

L'autre, seulement signée, est datée de Rome, 10 novembre 1829, adressée sans doute à Julie. Entièrement consacrée à des détails domestiques et à des nouvelles de famille, elle n'a d'autre intérêt et d'autre caractère que celui qu'elle emprunte à cette fière signature de la déchéance et de l'exil, « *Madame* », qui rappelle tant de grandeurs évanouies, tant d'épreuves traversées, et atteste la robuste vieillesse de cette mère cornélienne, survivant malgré elle à son sublime fils (mort à Sainte-Hélène depuis huit années), et ne pouvant le rejoindre, retenue sur la terre par l'alliance tenace et l'opiniâtre lien d'une âme et d'un corps également robustes, qu'aucune tempête ne put courber ni déraciner.

CARDINAL FESCH (1763-1839), oncle de l'Empereur. Rome, 16 pluviôse an XII.

Longue et curieuse lettre, passionnée sous une apparence de modération, où notre représentant à Rome se plaint amèrement de son secrétaire Chateaubriand, et expose les griefs (un peu exagérés sans doute par l'aigreur du moment) qui lui ont fait si ardemment désirer le rappel de cet hôte incommode et de cet auxiliaire importun dont il cherche à prévenir les médisantes et peut-être calomnieuses représailles à son retour en France. Nous donnons la parole au prélat accusateur. Les *Mémoires d'outre-tombe* contiennent le plaidoyer de Chateaubriand, qui ne se pique pas non plus d'impartialité, et dont la défense explique et même justifie l'attaque dont il est ici l'objet :

« Citoyen Premier Consul, permettez que je vous entretienne un instant de *Chateaubriand*. Mécontent de n'avoir pu s'emparer de mon ministère, il me déclara une guerre secrète. Il entreprit de corrompre les prêtres que j'avais amenés avec moi ; il leur persuada que je devais leur faire donner des bénéfices et des prélatures, et ses suggestions les poussèrent à se plaindre amèrement d'être à Rome sans considération et sans crédit, et un d'entre eux, un certain abbé *Guillon*, que j'avais avec moi en qualité d'auditeur pour le travail des congrégations, s'offrit au ministre russe auprès du roi de Sardaigne pour professer dans une université de Russie. Il l'écouta favorablement, espérant de connaître par lui mes secrets. Mais les ayant habitués à se tenir à une distance respectueuse de moi, et faisant par moi-même mon travail, furieux de ne pouvoir rien rapporter, il crut de satisfaire ce ministre en disant beaucoup de mal de mon gouvernement et de moi; ce que j'ai découvert en traitant l'affaire de Vernègues. L'autre abbé *Bonnevie*, que Louis Bonaparte m'avait prié de prendre avec moi, se plaignit avec différentes personnes pour se donner de l'importance ; mais il n'eut pas la bassesse de devenir imposteur. Chateaubriand, de son côté, n'oubliait rien pour décrier mes opérations; plat valet à ma table, toujours entouré d'émigrés et de ceux que vous avez exilés de Paris, il s'étudiait à noircir ma réputation avec les étrangers, puisqu'il ne voyait aucun Romain, ayant juré une haine éternelle contre un gouvernement qui n'avait pas voulu servir son ambition, au point que, de Paris, on me faisait écrire qu'il scandalisait par ses lettres et ses diatribes contre le premier clergé de la chrétienté, lui qui avait prétendu défendre la religion, et scandalisait toute Rome dès son arrivée, ayant affiché l'immoralité en se donnant une maîtresse publiquement.

» Cependant il réussissait dans son projet de vengeance contre ma réputation, de manière que Sa Sainteté, sans me rien dire, fit prévenir ses nonces de ne point croire ce qu'on écrivait de défavorable sur mon compte, qui partait des individus mécontents et de mes subordonnés.

» Ce fut en frimaire que l'archiduchesse Marianne me fit prier de passer chez elle pour m'avertir, au nom de la reine de Sardaigne, que des personnes de ma maison tenaient des propos très-graves sur mon compte. Le Pape répondit à cette Reine qui lui en parlait par le passage de l'Écriture : « *Les domestiques sont les ennemis des hommes.* » Je chassai ledit abbé Guillon, qui s'en retourna à Paris avec son ami Chateaubriand. Ce dernier était l'origine de tout, mais il était plus réservé. Il me fut impossible de me procurer des preuves ostensibles ; je devais attendre en patience ce que vous venez de faire, me promettant de ne jamais avoir à ma table mes secrétaires de légation, et d'imiter en cela le cardinal de Bernis.

» Chateaubriand ne sut pas s'observer jusqu'à la fin. Il osa dire dans un salon, en ma présence, que les Français ne devaient au Premier Consul que le rétablissement de la religion et la modération de la loi de la conscription qui était encore imparfaite et injuste, et, deux jours après, il s'oublia au point de me manquer, en sortant de dîner, par des propos qui lui échappèrent, dont j'acceptai les excuses le lendemain, en considération de l'ivresse où on me dit qu'il était.

» L'arrestation de Vernègues lui fournit beau jeu pour se déchaîner contre moi. Il en a été plus affecté que les Russes. Vous pouvez savoir par Alquier ce qu'il a dit devant lui à Naples, et par Clarke les propos qu'il a tenus à Florence. Le nonce du Pape dans cette résidence écrit que lesdits voyageurs parlaient de cette arrestation comme d'une sottise du cardinal Fesch.

» Je me vois obligé de m'adresser à vous pour vous faire connaître l'origine de toutes les injures et de tous les bruits qu'ils vont faire courir en France contre ma réputation, que je tâche de conserver soigneusement.

» Quoique Chateaubriand soit le pensionnaire et le protégé de madame Bacciocchi, il n'est point votre ami. Si vous le faites surveiller où vous l'envoyez, vous ne tarderez pas à être assuré qu'il fera tout pour les émigrés et pour les mécontents.

» J'ai des motifs pour craindre que Guillon ne soit à Paris l'espion de ce ministre de Russie auprès du roi de Sardaigne.

» Pardonnez à la brièveté des yeux ce griffonnage, et soyez assuré que ce n'est ni la haine ni la vengeance qui m'ont dicté cette lettre, mais la nécessité que j'ai de conserver ma réputation pour les opérations de mon ministère, pour le bon gouvernement de mon diocèse, et pour le bien de votre service, auquel je suis entièrement dévoué, citoyen Premier Consul.

» Le cardinal FESCH. »

BONAPARTE (Napoléon), 1769-1821. Lettre autographe signée *Buonaparte*.

Curieuse lettre adressée au Directoire du département de Corse, siégeant alors à Corte, centre de l'île. C'est une demande de secours, appuyée sur le rapport, encore tout frémissant des impressions du combat, des inquiétants débuts du mouvement populaire connu à Ajaccio sous le nom de *guerra di Pasqua*. Ces Pâques corses, moins sanglantes toutefois que les autres, durèrent huit jours et furent en réalité un épisode de la lutte entre le parti corse anglais, inspiré et dirigé par Paoli, et le parti corse français, dont le jeune commandant en second du bataillon des volontaires d'Ajaccio fut le chef et un moment la victime, faisant le sacrifice de sa tranquillité et de sa fortune, après avoir exposé sa vie, à son dévouement, à la France, calomnié et persécuté par le faux patriotisme qui livrait la Corse aux Anglais. La lettre de Bonaparte, qui n'a d'ailleurs d'autre intérêt que celui qu'elle emprunte à ce dramatique événement de l'émeute d'avril, à l'énergie passionnée et à la précoce prévoyance qu'elle respire en quelque sorte, est datée d'Ajaccio, 9 avril 1792. C'est à la suite des récriminations et des calomnies provoquées par la lutte que Bonaparte dut venir en mai 92 donner à Paris des explications sur sa conduite. Renvoyé en Corse, il la quitta à jamais en juin 1793 avec sa famille, proscrite et ruinée pour son héroïque fidélité à la France.

> Bonaparte (Napoléon). Lettre signée : Au quartier général, Nice, le 24 messidor de la IIe année de la République française une et indivisible.
>
> Le général commandant l'artillerie de l'armée d'Italie au citoyen Coupin, garde d'artillerie à Héraclée. Lettre de service signée : *Buonaparte*.

Bonaparte (Napoléon). Lettre signée : *Au citoyen Gaudin, ministre des finances, rue Neuve des Petits-Champs.* Paris, le 3 ventôse, an IX de la République française.

Accusé de réception de la nouvelle de la mort du conseiller d'État Dufresne, directeur du Trésor public. Éloge de l'esprit d'ordre et de la sévère probité qui le distinguaient si éminemment et qui « nous étaient encore si nécessaires » :

« L'estime publique est la récompense des gens de bien. J'ai quelque consolation à penser que, du sein de l'autre vie, il sent les regrets que nous éprouvons. Je désire que vous fassiez placer son buste dans la salle de la Trésorerie. Je vous salue affectueusement. BONAPARTE. »

NAPOLÉON. Lettre signée, à M. Talleyrand. Instructions diplomatiques, datées *De mon camp impérial d'Austerlitz*, le 13 frimaire an XIV (4 décembre 1805).

NAPOLÉON. Lettre signée, avec un *Post-scriptum* de six lignes autographes et la date, à M. Talleyrand. Instructions diplomatiques. Le 28 novembre 1806, à dix heures du matin (de Meseritz).

NAPOLÉON. Lettre signée, à Monsieur le prince de Bénévent. Nouvelles de la bataille de *Preussisch-Eylau*, le 9 février 1807, à cinq heures du soir.

BONAPARTE (Joseph), frère aîné de l'Empereur (1768-1844). Lettre autographe signée, à l'Empereur son frère.

« Naples, le 14 juillet 1807.

« Sire, j'ai reçu la lettre de Votre Majesté, du 20 ; la nouvelle des victoires et de l'armistice a excité ici beaucoup d'exaltation.

« Les bulletins 84, 85 et 86 viennent de m'arriver aujourd'hui. Le prince Eugène a eu la complaisance de me les envoyer avec un grand empressement. Il est cependant à désirer que l'on me les envoie directement aussi, parce que le vice-roi voiage beaucoup, et qu'il est possible qu'en les recevant de lui je les aie souvent plus tard, et Votre Majesté sent combien il doit m'importer d'être toujours le premier à les recevoir dans mon royaume.

» Le 86ᵉ bulletin contient l'entrevue de Votre Majesté, et le séjour que l'empereur de Russie doit faire à Tislit (*sic*) dans les lignes fran-

18.

çaises nous a fait un grand plaisir. Cette scène vraiment romanesque, si elle n'était héroïque, est digne de terminer le récit de cette glorieuse campagne, la plus étonnante peut-être de celles que nous admirons le plus.

» La tranquillité se rétablit ici. Votre Majesté ne doit réellement aucun intérêt à la dynastie des Bourbons. Aujourd'hui, en Sicile, les moïens odieux dont ils se servent, le fer, le poison, tous les jours, doivent éteindre toute pitié pour eux. Je n'aurais pas écrit de cette manière à Votre Majesté il y a six mois; mais je le dois aujourd'hui. Il n'y a rien à faire pour des gens qui seraient pendus s'ils étaient des particuliers. Je puis assurer à Votre Majesté que ces sentiments sont partagés ici par les Français et par les Napolitains.

» Il me faudrait trois vaisseaux de ligne pour aller en Sicile. Les Anglais sont encore 7000 et le roi Ferdinand autant; total, 14,000. J'ai 18,000 prêts à s'embarquer, Je suis avec respect, Sire, de Votre Majesté, le très-dévoué et affectionné frère JOSEPH. »

BONAPARTE (Julie Clary), femme de Joseph (1777-1845). Lettre autographe signée. A l'Empereur.

« Paris, le 19 juillet 1809.

» Sire, je prie Votre Majesté d'agréer de nouvelles félicitations de ma part pour la victoire éclatante et décisive qu'elle vient de remporter. Mon admiration est au comble, comme votre gloire. Vos derniers succès me font espérer le prompt retour de Votre Majesté. Je la prie de me mettre au nombre des personnes qui le désirent le plus vivement.

» Mes enfants se joignent à moi pour vous assurer du bonheur que nous éprouverons en revoyant Votre Majesté.

» Recevez, Sire, avec bonté, l'expression de mes sentiments d'attachement et de respect avec lesquels je suis, de Votre Majesté, la très-affectionnée sœur JULIE. »

BONAPARTE (Lucien), frère puîné de l'Empereur (1775-1840).

Lettre autographe signée au citoyen Mornand, commissaire à Malaga. A Madrid, le 27 vendémiaire de l'an x de la Répu-

blique française. Relative, quoique écrite sur le papier officiel d'ambassadeur en Espagne, à une acquisition privée, et
témoignant du goût pour les arts qui passionnait Lucien,
prince libéral et lettré jusqu'au bout des ongles.

« Les statues et pièces de sculpture, citoyen commissaire, qui sont
à Malaga, provenant de la prise du corsaire *le Brutus*, sont jugées ne
pas mériter définitivement une place dans les muséums publics. En
conséquence, ces objets ne sont plus sous le séquestre du gouvernement.

» Si la prise est jugée bonne et au moment de la vente aux enchères,
je vous authorise et je vous prie d'offrir ou de faire offrir pour mon
compte particulier 1º pour le petit Amour, jusqu'à la somme de mille
cinq cents francs ; 2º pour le grand Amour ployant un arc, jusqu'à
concurrence de six mille francs ; 3º pour la cuve en marbre, jusqu'à
trois mille francs, et pour les colonnes de marbre et d'albâtre, jusqu'à trois mille six cents francs.

» Je vous prie d'acheter ces objets comme s'ils étaient pour vous.
Si l'Amour ployant un arc était porté plus haut que six mille, je vous
authorise à le pousser en dernier lieu jusqu'à dix. Je compte pour
cette opération sur votre zèle et votre discrétion. Si elle réussit, vous
tirerez pour le payement une lettre de change à vue sur moi à Paris,
ou sur mon banquier, le citoyen Récamier, et vous négocierez cette
lettre à Malaga. Vous m'adresserez par la première occasion au Havre,
à un négociant, ces caisses à mon adresse, et vous me préviendrez
du nom du négociant, afin que j'envoie au Havre quelqu'un de ma
maison.

» Il n'est pas besoin de vous dire que les prix cy-dessus sont le
maximum de l'enchère, et que j'espère que peut-être vous ne seriez
pas obligé d'y atteindre. Dans le cas où il y ait d'autres beaux objets
de sculpture, je vous authorise à aller, tout compris, jusqu'à mille
louis. Et je m'en rapporte à vous entièrement. Cependant si l'*Amour
ployant un arc* vous échappait, je renonce à tout le reste. Ainsi, je
vous prie de faire commencer les enchères par cette statue..... Je
vous salue affectueusement. Lucien BONAPARTE. »

JOSÉPHINE (l'Impératrice) (1763-1814.)

Lettre autographe signée, adressée *à madame Alexandre*

de La Rochefoucauld, à Plombières, d'abord, puis cette destination a été remplacée d'une autre main par ces mots : *A la Malmaison par Paris.* Ceci veut dire que Joséphine a écrit à Plombières croyant que madame de La Rochefoucauld s'y trouvait encore, et que la lettre lui a été retournée à la Malmaison par suite du départ de cette dernière. La lettre est du temps du Consulat. Une note des *Mémoires inédits* de Fontaine nous sert à en fixer la date exacte. (Juillet 1801.)

« Je ne veux pas laisser partir le c^en Rapp sans vous donner, ma chère cousine, de mes nouvelles, sans vous parler de ma tendre amitié et du bonheur que j'ai eu d'avoir passé ces trois semaines avec vous à Plombières. Je les mettrai au nombre des moments heureux que j'aurai eus dans ma vie.

» J'ai vu votre homme d'affaires; je suis convenue avec lui qu'il vous laisserait prendre les eaux tranquillement, et que dans le cas où vos affaires iraient mal, de s'adresser à moi. L'aide de camp du général Leclerc est parti hier pour Saint-Domingue. Je lui ai remis une lettre pour son général, dans laquelle je lui recommande encore vos intérêts.

» Dites, je vous prie, mille choses aimables à madame et mademoiselle Talouette (*sic*), et à la bonne madame de Sourdis. J'ai vu pour elle le ministre de la police. Elle peut compter que d'ici à huit jours au plus tard, je lui ferai passer la radiation définitive de M. de Sourdis. Je vous prie de dire à madame D.... (Durand ou Decrès?) que je vois souvent son mari. Il vient tous les deux jours travailler avec Bonaparte. Je lui parle toujours de son intéressante femme. Ce que vous m'avez mandé de madame de Rivaux m'a beaucoup divertie.

» Hortense grossit beaucoup. Elle vous embrasse. Caffarelli vous présente son respect. J'ai trouvé mon cher mari plus aimable et plus amoureux de sa femme que jamais.

» Adieu, ma bonne, mon aimable cousine. Je vous embrasse de tout mon cœur, je vous aime de même. Joséphine BONAPARTE. »

Deuxième cadre.

BONAPARTE (Louis), roi de Hollande, frère de l'Empereur,
   père de Napoléon III (1778-1846).

Prince honnête et sensible, trop sensible peut-être, que les
susceptibilités de son cœur et les tourments d'une existence
valétudinaire rendirent à la fois malheureux, sans qu'il ait
paru mériter de l'être, qui toucha plus d'une fois dans sa
conduite à la grandeur, et dans ses lettres, à l'éloquence.
Nous en avons lu d'admirables de bon sens, de dignité et
d'abnégation, dans ce conflit avec l'Empereur à propos de la
situation intolérable qui lui était faite en Hollande, et dont il
secoua le joug avec tant d'énergie, après l'avoir porté avec
tant de patience. Avec la prédilection qui nous attire toujours
aux débuts, aux origines, aux sources caractéristiques, nous
donnons une belle et curieuse lettre à Bernardin de Saint-
Pierre, pleine des naïvetés d'une ardente adolescence, brûlée
des feux qu'allume Rousseau, et consacrant ses premières larmes aux malheurs imaginaires de Paul et Virginie. Imaginaires! Le furent-ils, et n'y a-t-il pas, à travers la perfection de
ces physionomies idéales, je ne sais quoi qui respire l'humanité et la réalité? Parfois il semble que Bernardin de Saint-
Pierre, lorsqu'il invente le plus peut-être, ne fasse que se
souvenir. Est-ce là le comble de l'art ou le comble du naturel? Art profond, inspiré par une longue expérience de la vie
des tropiques et des secrets du cœur, ou naturel puissant, qui
donne à la fiction l'air de la vérité, et fait croire que cela est
arrivé. Question digne à coup sûr de toutes les sollicitudes de
la curiosité, mais mystère de création à peu près insondable.
Paul et Virginie ont-ils réellement existé? *Peut-être* sur lequel

on ferait une jolie dissertation [1]. Ce qu'il y a de certain, c'est que le naufrage du *Saint-Géran* n'a rien d'imaginaire.

Voici la lettre de Louis au citoyen Jacques-Henri Bernardin de Saint-Pierre à Paris, recommandée au citoyen Pierre-François Didot le jeune, quai des Augustins, Paris.

« De la Valette, le 22 juin 1792, 2e de la République.

« Citoyen, pardonnez à un jeune homme exalté la liberté qu'il ose se prendre, confié ou excité par une simplicité naturelle qui est encore dans son cœur et qui seule semble vous guider

» Établi à Toulon depuis peu, j'ai quitté ma patrie pour n'être point en proie aux persécutions les plus amères, et qui sont celles qu'un tyran exerce sur une famille dont les individus veulent être libres, et dont l'influence aurait pu être nuisible aux desseins pernicieux de cet homme injuste; mais je finis sur cette période, qui n'est que trop triste par elle-même, mais qui est bien insensible pour l'homme juste et libre, ou, pour m'exprimer en vos termes, pour l'homme paria.

« Cet ouvrage m'a bien affecté, mais Paul et Virginie m'a coûté bien des larmes, et sans doute Paul n'en versait pas plus lors de sa séparation avec sa sœur; mais si j'ai, citoyen, osé vous écrire, ce n'est que pour vous demander les circonstances de cet ouvrage, qui n'ont point été le fruit de votre imagination. Vous dites qu'il y a du vrai; quel est le vrai? quel est le faux? Voilà mon but, voilà ce que je me suis proposé de savoir, pour qu'une autre fois, en le relisant, je puisse me dire, pour soulager ma sensibilité affligée : Ceci est vrai, ceci est faux !

» O homme sage et heureux, ô homme de la nature! pardonnez ma liberté, mais respectez-en les motifs. Ah! si jamais vous vous sentez quelques sentiments pour moi, ressouvenez-vous que je vous ai demandé votre amitié, non pour à présent, qui suis faible en connaissances et en âge, et qui suis par conséquent indigne de vous entretenir; mais pour l'avenir, car peut-être qu'alors ayant acquis un peu

---

[1] Si elle n'avait déjà été faite par Lemontey. (*OEuvres*, t. V, p. 349 à 376. *Étude littéraire sur la partie historique du roman de Paul et Virginie.*)

plus d'expérience, je serais en droit ou de vous redemander votre amitié, ou, si je m'en sens indigne, de vous demander pardon alors pour à présent. J'ai l'honneur d'être, citoyen, avec la plus profonde estime de l'homme et de l'auteur, le très-humble et très-obéissant serviteur et ami LOUIS BUONAPARTE, âgé de 18 ans, d'Ajaccio en Corse. — *Au citoyen Louis-Buonaparte, poste restante à Toulon.* »

Comment Bernardin de Saint-Pierre répondit-il à cette naïve avance de son jeune admirateur? Les *Mémoires sur sa vie*, rédigés par cet Aimé Martin qui lui succéda pour sa femme sans lui succéder pour son talent, nous apprennent que Louis reçut la plus bienveillante et encourageante réponse, trait d'union d'une liaison intime et durable, fortifiée par toutes les sympathies de l'esprit et du caractère, et, à travers la disproportion des rangs, de grandes analogies de sort. (Voy. *OEuvres* de Bernardin de Saint-Pierre, édition Lefèvre, 1833, *Introduction,* p. 15, et *OEuvres posthumes,* où se trouve la lettre de Louis, sans la réponse.)

HORTENSE (la reine) (1783-1837).

Lettre autographe signée, à l'Empereur, sur papier à cadre gaufré. Ce mercredi (juillet 1806), jolie écriture, légère et gracieuse comme Hortense.

« Sire, je vous envoye la pétition que vous avez eu la bonté de me demander. Je vous remercie de trouver le temps de me répondre. Il est impossible d'être plus heureuse que je ne le suis quand je reçois de vos nouvelles, et c'est la seule chose qui puisse me consoler de n'être plus auprès de vous. Napoléon apprend toujours des fables dans l'intention de vous les répéter. Dieu veuille que ce soit bientôt, et que le temps de votre fête nous réunisse près de vous, pour vous assurer de nouveau de nos tendres sentiments et de notre entier dévouement. Votre fille, HORTENSE. »

JÉRÔME (le roi), dernier frère de l'Empereur (1784-1860).

Lettre autographe signée, à l'Empereur. Elle se loue elle-même.

> « A Cassel, ce 17 mars 1809.

« Sire, Votre Majesté connaît mieux que moi-même jusqu'à quel point je puis bien servir la cause commune. La guerre paraît certaine, et Votre Majesté ne voudrait pas me laisser à vingt-cinq ans paisible spectateur d'une guerre qui m'intéresse d'aussi près. Si le roi de Westphalie gêne Votre Majesté, qu'elle me laisse prendre un autre nom ; mais pour le moins, Sire, ne me laissez pas dans l'inactivité. Mes troupes iront très-bien avec des Français. J'attends avec impatience à connaître les intentions de Votre Majesté, espérant qu'elle ne me considérera pas comme bon à rien. Je suis, de Votre Majesté, le très-affectionné et dévoué frère, JÉRÔME NAPOLÉON. »

CATHERINE DE WURTEMBERG, femme du précédent. (1783-1835).

Lettre autographe signée. Sa lettre, qui la peint à merveille, mérite les mêmes éloges que celle de son époux, dont elle fut la compagne courageuse, dévouée et fidèle.

> « Compiègne, ce 17 mars 1812.

« Sire, j'ai chargé M. le comte de Bische, mon chevalier d'honneur, d'annoncer à Votre Majesté mon arrivée à Compiègne..... Je ne parlerai pas de mes vifs regrets de n'avoir pu sur-le-champ lui exprimer les sentiments d'attachement dont le Roi et moi ne cesserons jamais d'être pénétrés pour vous, Sire. Les sacrifices de tout genre que mon mari ne cesse de porter en sont, je l'espère, une garantie suffisante. Mais j'éprouve un chagrin bien sincère de ne pouvoir confier à Votre Majesté, de vive voix, tout ce que le Roi m'avait chargée de lui dire, et les motifs qui ont nécessité mon voyage..... J'ai cru devoir sacrifier mon désir de vivre et de mourir près du Roi, à sa tranquillité personnelle, étant tout aux intentions de Votre Majesté, qui avait déterminé d'une manière aussi précise le moment où je devais quitter Cassel, accablée d'inquiétudes pour un être qui m'est aussi cher que le Roi. C'est dans les bras de la famille de Votre Majesté elle-même, que j'honore comme un père, que je suis venue me jeter, avec une pleine confiance, espérant y trouver une ample consolation..... Et maintenant, Sire, il ne me reste plus de point d'appui, plus de ressources, de consolations contre les chances des événements que la tendresse et l'attachement de la famille du Roi , celle que j'ose attendre de Votre Majesté elle-même, à laquelle je me suis tellement dévouée, que je lui ai préféré et lui préférerai toujours, dans les moments les plus difficiles, ceux qui me sont liés par les liens du sang. Je la supplie donc de considérer que je ne puis attendre de consolation que de la certitude de pouvoir bientôt lui offrir de vive voix les expressions du plus sincère et du plus respectueux attachement, Sire, de Votre Majesté, la très-dévouée sœur : CATHERINE. »

JOACHIM MURAT (roi de Naples) (1771-1815).

Lettre autographe signée. A l'Empereur son beau-frère.

» Sire, le 15 août sera pour les peuples de mon royaume un jour de fête, et que Votre Majesté soit bien persuadée que nulle part ses autres sujets ne lui offriront d'hommages plus ardents , et ne formeront des vœux plus sincères pour la prospérité de son règne et l'accomplissement de ses vastes projets. Quant à moi, je ne vous parlerai pas de mon amour, il vous est connu, il ne sera jamais altéré. Mes sentiments sont indépendants des circonstances et des événements. Je n'en éprouverai jamais qui puisse être étranger à votre gloire ; daignez en agréer l'assurance, et malheureux de ne pouvoir plus vivre près de Votre Majesté, je le serai moins en pensant que Votre Majesté me conserve encore ses bontés.

» Votre Majesté va organiser un nouveau système de gouvernement. Il faut au plus grand homme qui ait existé le plus puissant empire, et après avoir créé des comtes, des ducs, des princes d'Empire, il vous faut aussi des rois d'Empire. Un système fédératif assurera ensuite sa gloire et sa durée. La paix du monde en sera le premier bienfait. Quant à moi, Sire, Votre Majesté doit compter sur le bonheur que j'éprouverais si elle daignait jeter les yeux sur moi, soit qu'il faille porter vos aigles dans des climats lointains, soit qu'il faille continuer à donner ici vos lois. Je suis heureux dans mes États, j'habite le plus beau ciel de la belle Italie, tout m'y assure le bonheur. Cependant, que Votre Majesté dispose de moi, ainsi que du trône qu'elle m'a donné ; je réponds de l'obéissance des Napolitains ; ils seront heureux et ils seront les premiers à faire des démarches, s'ils ne craignaient de commettre des inconséquences. Que Votre Majesté daigne me faire faire le moindre signe à ses sujets, et mes sujets seront les premiers à proclamer le grand Napoléon Empereur d'Occident et du Midi. Sire, je suis, de Votre Majesté, le très-humble et très-affectionné frère, JOACHIM NAPOLÉON.

» Portici, le 1er août 1809. »

CAROLINE (reine de Naples), femme de Joachim Murat. (1782-1839).

Lettre autographe signée, à l'Empereur, son frère.

Portici, le 7 novembre 1808.

« Sire, j'ai été extrêmement sensible à l'intérêt que Votre Majesté a bien voulu me témoigner par sa lettre d'Erfurth. Mon plus grand désir serait de pouvoir lui prouver tout le prix que j'attache à la continuation de ses bontés. Je serai heureuse, Sire, aussi longtemps que Votre Majesté me les conservera. Et mon bonheur sera complet toutes les fois qu'elle daignera m'en donner elle-même une nouvelle assurance. L'éloignement où je me trouve de Votre Majesté me serait déjà bien pénible si je n'avais l'espoir d'obtenir quelquefois la permission de me rendre auprès d'elle, et de pouvoir lui exprimer de vive voix toute l'étendue de ma reconnaissance.

« J'attends avec impatience des nouvelles du Roi et de Votre Majesté à Bayonne. J'espère que sa santé continuera d'être bonne, et que son absence ne sera pas longue. Nous sommes persuadés ici que la campagne sera bientôt terminée, et que la présence de Votre Majesté contribuera beaucoup à ramener les rebelles dans le devoir. Le Roi est bien affligé de ne pas suivre Votre Majesté.

» Je suis arrivée ici en très-bonne santé, ainsi que mes enfants, et nous sommes déjà tous parfaitement acclimatés. Ma petite famille présente à Votre Majesté ses respects. Je la prie de vouloir bien agréer les miens, avec l'expression de tous les sentiments que je lui dois. Je suis, avec un profond respect, Sire, de Votre Majesté, la très-humble et très-affectionnée sœur, CAROLINE. »

ÉLISA, sœur de l'Empereur, princesse de Lucques et de Piombino, grande-duchesse de Toscane, sœur aînée de Napoléon (1777-1820).

Lettre autographe signée, à l'Empereur.

« Pitti, le 23 mars 1811, à quatre heures du soir.

» Sire, c'est au bruit du canon et au son des cloches que j'écris à Votre Majesté, et que je la prie d'agréer mes félicitations ; tout a réussi au gré de nos vœux. Votre Majesté est père, et père d'un prince. L'enthousiasme est à Florence à son comble. Tout est en mouvement. Nos bons Toscans sont dans la plus grande joie. On était d'avance persuadé que S. M. l'Impératrice accoucherait du Roi de Rome. Nous allons témoigner notre allégresse par de belles fêtes et des actes de bienfaisance. Je prie Votre Majesté de croire que personne n'est plus heureuse de cette nouvelle que moi. Je recommande à la haute protection de Votre Majesté ma famille. Je suis, avec un profond respect, Sire, de Votre Majesté Impériale et Royale, la très-dévouée et soumise sœur, Élisa. »

PAULINE, sœur de Napoléon, épouse du général Leclerc, puis princesse Borghèse, duchesse de Guastalla (1780-1825).

Lettre autographe signée, au général Murat, commandant de Paris et gouverneur.

« Rome, le 29 février 1804.

» J'ai reçu votre lettre, mon cher Murat. Il était tems qu'elle vînt. Je vous accusais déjà d'oublier bien vite votre petite sœur, et je trouve beaucoup de douceur à m'être trompée. Vous voilà donc décidément établi à Paris ? Je souhaite beaucoup que cet événement vous donne tout le bonheur que vous méritez par votre bonté et votre attachement pour mon frère. Vous avez donc dit adieu à la belle Italie ? Je désirerais bien aussi la quitter un peu pour revoir toute ma famille et cette chère France à laquelle on tient malgré soi ! Je ne sais, mais je crois que l'air de Rome ne m'est pas très-bon. J'y suis toujours enrhumée. Mon petit Camille vient d'être forcé de faire un voyage à Naples pour des affaires indispensables ; il m'a chargée de mille choses pour vous. A son retour, il répondra lui-même à votre aimable lettre. Je suis charmée que la bonne Caroline n'oublie pas sa sœur. Embrassez-la, je vous prie, tendrement pour moi. J'ai aussi reçu une lettre d'elle. J'espère que nous nous reverrons bientôt tous *en France réunis, contents, et nous félicitant des événements.* Adieu, mon cher Murat. Je fais mille caresses à vos petits enfants. Je vous embrasse, ainsi que ma chère Caroline, et je vous prie tous deux d'être persuadés de mon tendre attachement. Gardez-vous surtout d'oublier votre sœur. BONAPARTE-BORGHÈSE. — Mille choses, je vous prie, à toute ma famille. »

EUGÈNE DE BEAUHARNAIS, puis Eugène Napoléon, fils de Joséphine, vice-roi d'Italie (1780-1824).

Belle lettre à sa mère, en un moment critique où il se montre déjà tel qu'il fut plus tard : dévoué et fidèle quand même, toujours supérieur à la fortune.

« Monza, ce 10 septembre 1807.

» J'ai reçu, ma bonne mère, la lettre que tu m'as écrite par Bataille ; elle m'a fait le plus grand plaisir. J'y ai vu que tu étais tranquille, que tu méprisais les méchants et que l'Empereur continuait à être bon pour toi. Tu n'auras jamais rien à redouter de lui, parce que l'Empereur en lui-même méprise les gens qui sont assez bas pour lui donner de mauvais conseils.

» On a beaucoup parlé de divorce. Je l'ai su de Paris et de Munich. Mais j'ai été content de ta conversation avec l'Empereur, si elle est telle que tu me l'as fait rendre. Il faut toujours parler franchement à Sa Majesté ; faire autrement serait ne plus l'aimer. Si l'Empereur te tracasse encore sur des enfants, dis-lui que ce n'est pas bien à lui de te reprocher toujours des choses semblables. S'il croit que son bonheur et celui de la France l'obligent à en avoir, qu'il n'ait aucun égard étranger. Il doit te bien traiter, te donner un douaire suffisant et te permettre de vivre auprès de tes enfants d'Italie. L'Empereur fera alors le mariage que lui commanderont sa politique et son bonheur. Nous ne lui en resterons pas moins attachés, parce que ses sentiments ne doivent jamais changer pour nous, quoique les circonstances l'aient obligé à éloigner de sa personne notre famille. Si l'Empereur veut avoir des enfants qui soient à lui, il n'a que ce seul moyen ; tout autre serait blâmé et l'histoire en ferait justice. D'ailleurs il a trop travaillé pour elle, pour qu'il laisse un seul feuillet à déchirer à la postérité.

» Tu ne dois donc craindre ni les événements ni les méchants. Ne tracasse plus l'Empereur, et occupe-toi de régler tes dépenses intérieures. Ne sois pas si bonne avec tout ce qui t'entoure; tu en serais bientôt la dupe.

» Pardonne, ma bonne mère. Je m'emporte à te parler raison et à te donner des conseils, lorsque moi-même j'en ai tant besoin. N'y vois pourtant, je te prie, qu'une preuve de plus de ma tendre affection pour toi, et n'oublie pas que les sentiments que t'ont voués tes enfants sont au-dessus de tous les événements.

» Auguste et moi t'embrassons. Joséphine est toujours charmante. Le mois prochain, je pourrai probablement te donner de bonnes nouvelles sur un frère ou une sœur que nous voulons lui donner. Ton respectueux et tendre fils, Eugène NAPOLÉON. »

AUGUSTE-AMÉLIE, princesse royale de Bavière, femme d'Eugène de Beauharnais, vice-roi d'Italie.

Lettre autographe signée, à l'Empereur.

« Sire, Votre Majesté n'a qu'à se montrer, et elle gagne des batailles. La victoire qu'elle vient de remporter à Lutzen doublera la célébrité de ce champ de bataille et m'a remplie de joie, d'autant plus que S. M. l'Impératrice a eu la bonté de m'assurer que la santé de Votre Majesté était parfaite et que le vice-roi se portait aussi bien. J'espère qu'elle agréera avec sa bonté ordinaire mes tendres félicitations et les vœux que je fais pour son bonheur. Ils sont formés par un cœur qui lui est tout dévoué comme celui d'Eugène. Je sais que Votre Majesté prend part à mes inquiétudes, et qu'elle a parlé de moi avec intérêt à la reine Hortense. J'en suis bien touchée et la remercie du souvenir qu'elle veut bien me porter. Votre Majesté connaît le prix que j'attache à ses bontés ; qu'elle daigne me les continuer et ne jamais mettre un moment en doute le respectueux attachement que lui a voué celle qui a le bonheur de se dire, Sire, de Votre Majesté, la soumise, respectueuse et tendre fille. AUGUSTE.

» Mes quatre enfants baisent les mains à Votre Majesté.

» Milan, ce 10 mai 1813. »

Marie-Louise, archiduchesse d'Autriche, seconde femme de l'Empereur (1791-1847).

Lettre autographe signée à Madame, mère de l'Empereur.

« Ma chère maman, quoique cette lettre ne vous trouvera plus à Paris, et que je ne sais pas si elle vous parviendra exactement, je m'empresse de vous témoigner toute ma reconnaissance pour votre aimable lettre du 8 juin, que j'ai reçue il y a peu de jours. Vous êtes trop bonne de vouloir m'excuser parce que je ne vous ai pas écrit aussi souvent que mon cœur le désirait ; mais je n'ai pas une minute de tems à moi. Ma famille me dérobe chaque minute, et même dans ce moment je suis entourée de mes sœurs qui font un tel vacarme qu'il faut que vous ayez de l'indulgence pour toutes les fautes d'orthographe que vous remarquerez dans cette lettre. Je fais bien des vœux afin que les eaux d'Aix en Savoie vous fassent tout le bien que vous en attendez. S'ils vous font tout celui que le cœur de votre fille vous désire, vous serez bientôt entièrement guérie. Je partage bien vivement la satisfaction que vous éprouverez dans ce moment de revoir le cardinal, car on m'a dit qu'il viendrait vous voir aux eaux. L'Empereur se porte à merveille. Il est toujours dans les environs de Kœnigsberg, toujours occupé, toujours à cheval ; mais il ne s'en porte que mieux, et la seule consolation que j'éprouve pendant son absence est de pouvoir penser que ses fatigues ne me donnent pas lieu de craindre pour sa santé. Il m'écrit bien souvent, et chaque jour où je reçois une lettre est un jour de bonheur pour moi. Je vous suis bien reconnaissante, ma chère maman, des nouvelles que vous me donnez de mon fils. Il me tarde bien de le revoir, ainsi que vous, pour vous remercier de toute l'amitié que vous me témoignez et que je n'oublierai jamais. Ma santé est très-bonne ; j'engraisse même ; mais rien ne peut me consoler de l'absence de l'Empereur, pas même la présence de toute ma famille, qui est ici et qui me témoigne une tendresse touchante. Je vais voir les environs. Le tems me seconde, car il fait bien beau. Je crois que je partirai sous peu de tems d'ici pour retourner à Paris ; mais je vous marquerai encore plus tard le jour de mon départ. Je vous prie de me donner de vos nouvelles et d'être persuadée de la tendre et respectueuse amitié avec laquelle je serai toute ma vie, ma chère maman, votre très-attachée et obéissante fille Louise.

» Prague, le 25 juin 1812. »

Napoléon II (duc de Reichstadt), fils de Napoléon et de Marie-Louise (1811-1832).

Cahier de minutes de lettres, avril 1830. Page où sa signature se trouve deux fois avec divers paraphes.

64. Revue de l'Empereur aux Tuileries, toile peinte en grisaille par Horace Vernet.

Collection du marquis d'Hertford.

65. Portrait du roi Louis en costume de colonel du 5e régiment de dragons. Dessin de la reine Hortense.

66. Vue de Longwood. Dessin teinté.

Appartiennent à S. M. l'Empereur.

67. Buste de l'impératrice Joséphine en biscuit de Sèvres. Modèle de Bosio (Sèvres, 1808).

CHAMBRE DE L'EMPEREUR.

68. Pendule de la chambre de l'Empereur à Sainte-Hélène.

Appartient à S. M. l'Empereur.

69. Bureau-secrétaire dont l'Empereur s'est servi dans plusieurs de ses campagnes. Se démonte et peut être mis dans le caisson d'une voiture.

Donné par le maréchal Duroc à M. Boileau, notaire, grand-père du possesseur actuel.

Appartient à M. A. Moreau.

70. Fauteuil provenant de la chambre de l'Empereur à Sainte-Hélène.

Appartient à S. A. le prince Joachim Murat.

71. LIT EN FER avec ses rideaux en soie verte et sa literie complète, sur lequel est mort l'Empereur à Sainte-Hélène.

> Appartient à S. A. le prince Joachim Murat.

72. AIGUIÈRE SUR TRÉPIED, toilette lavabo en vermeil et argent de l'Empereur.

> Appartient à S, A. le prince Joachim Murat,

73. PORTRAIT DE JOSÉPHINE, par Appiani (le chevalier André). Il y a eu trois Appiani dans l'histoire de la peinture. Celui-ci, le dernier des trois, est le seul célèbre, 1761-1817. Il excellait dans la fresque et le portrait. Chevalier de la Légion d'honneur au couronnement de Napoléon, membre de l'Institut du royaume d'Italie, correspondant de l'Institut de France, nommé premier peintre de l'Empereur et chargé de décorer le palais de Milan. — La date de ce portrait peut être fixée à 1805.

74. HISTOIRE D'UN CHAPEAU. Petit tableau allégorique des phases de la carrière de Napoléon, par Steuben.

75. PORTRAIT D'APRÈS NATURE du Roi de Rome à quatre mois, par P. P. Prudhon.

Ce dessin a servi d'étude pour le tableau peint en 1811 par Prudhon, et gravé en 1825 par Achille Lefèvre, qui représente le petit roi couché dans un jardin sur un manteau de velours brodé d'abeilles, et environné de fleurs impériales.

Collection de M. H. Didier, provenant de la vente de Boisfremont.

76. NATIVITÉ allégorique du Roi de Rome, par Prudhon.

> Appartient à M. le général comte Lepic.

ARMOIRE DES SOUVENIRS.

77 et 78. DEUX FUSILS de chasse ayant appartenu, l'un à l'Empereur, l'autre au roi Jérôme.

Appartient à S. M. l'Empereur.

79. FUSIL DE CHASSE ayant appartenu à Napoléon Ier.

Collection du marquis d'Hertford.

80. FUSIL DE CHASSE ayant appartenu à la reine Caroline Murat.

Appartient à S. M. l'Empereur.

81. DEUX PISTOLETS D'ARÇON qui garnissaient les fontes de l'Empereur à Waterloo.

Appartient à S. M. l'Impératrice.

82. SABRE porté par le général Bonaparte.

Appartient à S. M. l'Impératrice.

83. SABRE porté par le Premier Consul.

Appartient à S. M. l'Impératrice.

84. SABRE ayant appartenu à Napoléon.

Appartient à S. M. l'Empereur.

85. ÉPÉE portée par l'Empereur à Sainte - Hélène.

Appartient à S. M. l'Empereur.

85 *bis*. UN CEINTURON D'ÉPÉE en velours noir brodé d'or, ayant appartenu à l'Empereur, et provenant de Sainte-Hélène.

Appartient à S. M. l'Empereur.

86. Une paire de souliers à boucles d'or venant de Sainte-Hélène, ayant appartenu à l'Empereur.

Appartient à S. M. l'Empereur.

87. Boîte de pistolets de la manufacture de Versailles, donnée par l'Empereur au roi Joseph, et par celui-ci au général Lepic, commandant de sa garde, ainsi qu'il résulte de la lettre ci-dessous, qui accompagnait ce témoignage de haute et affectueuse estime.

« Général, je désire que vous conserviez les pistolets que je vous envoie comme un souvenir de moi et de la reconnaissance que je conserve de tous vos bons services et de l'attachement que vous m'avez montré depuis mon entrée à Madrid jusqu'à ce moment. Agréez, général, mon sincère attachement. Votre affectionné, Joseph. »

Appartient à M. le général comte Lepic.

88. Couteau de chasse de Napoléon Ier.

Appartient à S. M. l'Empereur.

89. Ceinture tricolore en cachemire avec bordure, dessin cachemire, portée en Égypte par le général Bonaparte, et donnée par lui à son retour à la reine Hortense.

Appartient à S. M. l'Empereur.

90. Une paire d'épaulettes ayant appartenu à l'Empereur, venant de Sainte-Hélène.

Appartient à S. M. l'Empereur.

91. Pot a eau et cuvette en argent ayant appartenu à l'Empereur et provenant de Sainte-Hélène.

Appartient à S. M. l'Empereur.

92. Portrait du Roi de Rome. Médaillon, sépia.

Appartient à S. M. l'Empereur.

93. Veilleuse en argent qui servait à l'Empereur à Sainte-Hélène.

Appartient à S. M. l'Impératrice.

94. Profil du Roi de Rome, dessin médaillon, par Prudhon.

Appartient à M. le général comte Lepic.

95. Tabatière en bois de thuia, ornée d'un médaillon sous lequel se voient une mèche de cheveux de Napoléon et une feuille de la couronne de laurier en or ceinte à Milan en 1805 comme roi d'Italie.

Cette feuille de laurier, détachée de la couronne pendant qu'Isabey l'essayait à l'Empereur, lui fut donnée au moment même par son auguste client. On lit au dos de la tabatière l'inscription suivante :

« A Saint-Cloud, en 1805, avant le départ pour Milan, j'essayais à l'Empereur la couronne royale qui devait surmonter celle de lauriers du sacre de Notre-Dame. Une feuille se détache ; j'allais la remettre au premier chambellan ; Sa Majesté me dit : Gardez-la en souvenir de votre maladresse. Signé : Isabey. »

Appartient à S. M. l'Empereur.

96. Deux aigles en argent sur socles de marbre.

L'Empereur, obligé à Sainte-Hélène, en 1816, de se défaire de son argenterie pour subvenir à ses dépenses, auxquelles ne suffisait pas le crédit anglais ouvert à cet effet et honteusement réduit, avait conservé ces deux aigles, qui formaient les boutons des grandes pièces de service. (*Mémorial*, t. II, p. 246. — Thiers, *Histoire du Consulat et de l'Empire*, t. XX, p. 623.)

Appartient à S. M. l'Impératrice.

97. MÉDAILLON contenant des cheveux du Roi de Rome.

> Appartient à M. le général comte Lepic.

98. BUSTE du Roi de Rome, bronze.

> Appartient à M. le général comte Lepic.

99. TABATIÈRE EN ÉCAILLE avec portrait du général Bonaparte.

> Appartient à S. M. l'Impératrice.

100. PORTRAIT du Roi de Rome. Médaillon bas-relief ivoire.

> Appartient à S. M. l'Empereur.

101. BIDON DE CHASSE en argent ayant appartenu à Napoléon Ier.

> Appartient à S. M. l'Empereur.

102. UNE LORGNETTE ayant appartenu à l'Empereur, venant de Sainte-Hélène.

> Appartient à S. M. l'Empereur.

103. UNE TABATIÈRE ornée de trois médailles antiques en argent, ayant appartenu à l'Empereur, et provenant de Sainte-Hélène.

Cette tabatière contient encore un reste de tabac pieusement conservé.

> Appartient à S. M. l'Empereur.

104. UN COUTEAU à deux lames, manche de nacre incrusté d'or, ayant servi à l'Empereur et provenant de Sainte-Hélène.

> Appartient à S. M. l'Empereur.

105. MÉDAILLIER en racine d'if, avec incrustations cuivre et étain, venant de Sainte-Hélène.

> Appartient à S. M. l'Empereur.

106 et 107. Deux nécessaires de toilette ayant servi à l'Empereur pendant les campagnes de 1814-1815.

> Appartient à S. M. l'Empereur.

108. Service tête-a-tête offert à l'impératrice Joséphine par Alexandre Ier en 1814.

La pureté des formes, le style de l'ornementation, les médaillons, dont l'un représente la Minerve, symbole un peu risqué de l'invasion, et l'autre le portrait de l'empereur Alexandre, miniature des plus ressemblantes et des plus achevées, enfin le chiffre J. marqué sur une des pièces, tout cela établit l'authenticité et la valeur de ce présent impérial, acquis lors de la dispersion des objets mobiliers dépendant de la succession du prince Eugène par M. Pérard de Martinicourt, et légué par lui à sa fille, madame veuve de Montullé, propriétaire actuelle.

109. Une soupière, son couvercle et une assiette en porcelaine ayant appartenu à l'Empereur et provenant de Sainte-Hélène.

> Appartient à S. M. l'Empereur.

Un sucrier et son plateau en vermeil ayant servi à l'Empereur, et provenant de Sainte-Hélène.

> Appartient à S. M. l'Empereur.

Une théière, un sucrier, un pot a crème, six tasses en porcelaine et six cuillers à café ayant servi à l'Empereur, et provenant de Sainte-Hélène.

> Appartient à S. M. l'Empereur.

Un verre en cristal ayant servi à l'Empereur, provenant de Sainte-Hélène.

Appartient à S. M. l'Empereur.

110. Miroir du nécessaire de toilette de l'impératrice Joséphine.

Appartient à S. M. l'Impératrice.

111. Deux tasses avec portrait médaillon de l'impératrice Joséphine.

Manufacture de Sèvres.

112. Portrait médaillon de la reine Hortense par elle-même.

Appartient à M. le général comte Lepic.

113. Portrait miniature de l'impératrice Joséphine.

Appartient à S. M. l'Impératrice.

114. Portrait miniature de la reine Hortense, par *Quaglia*.

Appartient à madame la princesse Julie, marquise de Roccagiovine.

115. Deux gobelets en vermeil et à couvercle ayant fait partie du nécessaire de toilette de l'impératrice Joséphine.

Appartient à S. M. l'Impératrice.

116. Souliers de la reine Hortense.

Appartient à S. M. l'Impératrice.

117. Un étui en vermeil garni de perles ayant appartenu à l'impératrice Joséphine.

Appartient à S. M. l'Empereur.

Ciseaux aux anneaux incrustés de perles ayant appartenu à l'impératrice Joséphine.

Appartient à S. M. l'Empereur.

Dé en or incrusté de perles avec son étui en ivoire, ayant appartenu à l'impératrice Joséphine.

Appartient à S. M. l'Empereur.

118. Paroissien de l'impératrice Joséphine.

Appartient à S. M. l'Empereur.

119. Montre de l'impératrice Joséphine.

120. Portrait miniature de l'impératrice Joséphine.

Appartiennent à S. M. l'Impératrice.

121. Miroir ayant appartenu à l'impératrice Joséphine.

Appartient à S. M. l'Impératrice.

122. Buste de l'impératrice Joséphine en biscuit de Sèvres.

Manufacture de Sèvres.

123. Un verre en cristal taillé ayant fait partie du nécessaire de l'impératrice Joséphine.

Appartient à S. M. l'Impératrice.

124. Petit nécessaire de toilette de l'impératrice Joséphine.

Appartient à S. M. l'Impératrice.

125. Derniers souliers portés par l'impératrice Joséphine.

Appartient à S. M. l'Impératrice.

126. Moule a bourse, en ivoire sculpté, ayant appartenu à l'impératrice Joséphine.

Appartient à S. M. l'Impératrice.

127. Un flacon en cristal taillé ayant fait partie du nécessaire de l'impératrice Joséphine.

Appartient à S. M. l'Impératrice.

128. VERRE de toilette de l'impératrice Joséphine.

A S. M. l'Impératrice.

129. SOUPIÈRE provenant du service de l'Empereur à Sainte-Hélène.

A S. M. l'Empereur.

130. FRAGMENTS DE LA TENTURE de la chambre où est né l'empereur Napoléon à Ajaccio.

On peut voir l'image photographique de cette maison modeste et superbe où naquit le héros de cette « petite île qui devait étonner le monde », suivant la prédiction de Jean-Jacques Rousseau, dans l'*Album de la famille Napoléon* de M. de Saint-Germain.

Appartient à S. M. l'Impératrice.

131. DEUX CARREAUX de la chambre où est né l'empereur Napoléon, à Ajaccio.

Appartiennent à M. le général comte Lepic.

131 *bis.* POUDRIÈRE EN JONC.

Communiqué par M. Brichard, n° 487 du procès-verbal.

132. CLEF de la porte qui séparait les deux pièces du lieutenant d'artillerie Bonaparte, à Valence.

Appartient à M. le général comte Lepic.

155. TABATIÈRE en buis tournée par l'Empereur à Sainte-Hélène.

A madame la baronne de Pages.

156. INTÉRIEUR du nécessaire de toilette de l'impératrice Joséphine.

Garde-meuble de la Couronne.

156 *bis* [1]. ROBE DE CHAMBRE en piqué blanc portée par l'Empereur à Sainte-Hélène.

Appartient à madame la princesse Julie, marquise de Roccagiovine.

156 *ter*. UNE PAIRE DE PANTOUFLES en maroquin rouge portées par Napoléon Ier à Sainte-Hélène.

Appartient à madame la princesse Julie.

156 *quater*. NÉCESSAIRE DE VOYAGE de Napoléon Ier en acajou. Le vase manquant à l'intérieur est celui qui contient le cœur de Napoléon Ier, renfermé dans son tombeau à la chapelle de l'hôtel des Invalides.

156 *quinter*. PORTRAIT DU GÉNÉRAL BONAPARTE EN **1792**. Miniature sur une tabatière lui ayant appartenu.

Ces deux objets communiqués par le prince Charles Bonaparte.

CHAMBRE DE L'IMPÉRATRICE JOSÉPHINE.

Dans cette chambre, qui est un petit chef-d'œuvre de restauration habile et heureuse, nous n'avons guère à signaler que la chambre elle-même dans ses moindres détails, précieusement et religieusement copiés d'après le document authentique qui a servi de guide.

133. INTÉRIEUR DE LA CHAMBRE DE JOSÉPHINE. Aquarelle par H. Loelliot, 1826, dont la reine Hortense a écrit le sujet de sa main.

Appartient à S. M. l'Empereur.

---

[1] Objets survenus pendant l'impression et après le classement et le numérotage.

134. Deux candélabres ayant fait partie de la toilette de l'impératrice Joséphine.

> Appartient à S. M. l'Impératrice.

135 Deux vide-poches en porcelaine de Saxe, avec peintures délicates.

Communiqué par M. Brichard, n° 774 du procès-verbal de vente de la Malmaison.

Une statuette de Minerve assise, en porphyre, tête et bras de jade verdâtre, socle en jaspe rouge antique, piédestal à moulure en porphyre vert. Sur un bouclier supporté par deux Renommées, on lit : Par Fray., *Optimo principi. Ex munificentia. 11 Sexti P. M.*

> Garde-meuble de la Couronne.

BOUDOIR.

Un canapé.
Quatre fauteuils.
Quatre chaises.
Un tabouret de pieds.
Un écran.

Le tout en bois or et blanc, couverts de lampas fond blanc, et provenant du boudoir de l'impératrice Joséphine au palais de Saint-Cloud.

> Garde-meuble de la Couronne.

136. Portrait de la reine Hortense par elle-même, signé et donné par elle, à Arenemberg, à madame Vieillard.

> Appartient à M. Fernand Giraudeau.

137. LES CINQ ENFANTS DU PRINCE EUGÈNE dans une gloire ossianesque ; têtes à ailes de sylphes. Aquarelle par Lieder. Vienne, 1815.

Appartient à S. M. l'Empereur.

138. PORTRAIT DE L'IMPÉRATRICE JOSÉPHINE. Gravure en couleur d'après Isabey, par Monsaldy.

Appartient à M. Constantin.

139. PORTRAIT EN PIED DE LA REINE HORTENSE, par elle-même. Dessin signé.

Appartient à S. M. l'Empereur.

140. PORTRAIT du général Bonaparte à cheval, par Gros.

Collection de M. le marquis d'Hertford.

141. PORTRAIT DE L'IMPÉRATRICE JOSÉPHINE, par Prudhon.

Collection de M. le marquis d'Hertford.

142. PORTRAIT DU PRINCE EUGÈNE en officier d'ordonnance du général Hoche.

Appartient à S. M. l'Empereur.

143. NÉCESSAIRE de toilette de l'impératrice Joséphine.

Garde-meuble de la Couronne.

144. PORTRAIT DE L'IMPÉRATRICE JOSÉPHINE. Aquarelle par Aug. Garnerey (1813).

145. PORTRAIT DU FILS AÎNÉ DE LA REINE HORTENSE, mort en 1807. Aquarelle.

Appartiennent à S. M. l'Empereur.

146. PROJET DU TABLEAU-PORTRAIT de la reine Hortense entourée de ses deux fils, par P. P. Prudhon. — Dessin.

Collection de M. H. Didier, provenant de la vente de Boisfremont.

147. PORTRAIT de Napoléon, dessin par Girodet. Dessiné en 1808 d'après nature, pendant une représentation à Saint-Cloud. Acheté à la vente de Girodet.

Appartient à M. le général comte Lepic.

148. PORTRAIT DU PREMIER CONSUL. Dessin d'après nature, par Isabey, fait à la Malmaison, qu'on aperçoit dans le fond.

A fait partie de la décoration des appartements en 1811.

149. PORTRAIT au crayon de la reine Hortense, à Aix-les-Bains, en 1813, par Duclaux.

Appartient à S. M. l'Empereur.

150. AQUARELLE peinte et signée par la reine Hortense, donnée par elle, à Arenemberg, à madame Vieillard.

Appartient à M. Fernand Giraudeau.

151. VUE DE LA FERME D'ALMOGNE, propriété de l'impératrice Joséphine.

Dessin fait par l'impératrice Joséphine elle-même sous la direction d'Isabey, et signé d'elle. Ce dessin, et la gravure qui l'accompagne, exécutée par Philippe Lenck, ont été donnés par l'impératrice Joséphine à M. Constantin, conservateur des tableaux de la galerie de la Malmaison, et chargé par le prince Eugène de l'organisation et du soin de sa galerie particulière.

Communiqué par M. A. Constantin, petit-fils du donataire.

152. GRAVURE du dessin précédent, par Philippe Lenck.

Appartient à M. Constantin.

153. BUSTE de Bonaparte, bronze.

Appartient à M. le général comte Lepic.

154. Portrait de l'impératrice Joséphine brodé sur satin.

Vues de Saint-Leu, Saint-Cloud, la Malmaison, sous
divers aspects. Six aquarelles, par Nicole.

Ont fait partie de la décoration des appartements en 1811.

154 *bis* Buste de Bonaparte en biscuit de Sèvres.

Appartient à M. le général comte Lepic.

SUPPLÉMENT.

BOUDOIR DE JOSÉPHINE.

154 *ter*. Écran avec cadre contenant sous verre un carré de
dentelles représentant un personnage vêtu à la romaine.
Donné à l'empereur Napoléon à son passage à Bruxelles.

Appartient à S. M. l'Empereur.

APPENDICE.

PIÈCES JUSTIFICATIVES.

I.

DÉTAILS INCONNUS SUR L'ACQUISITION DE LA MALMAISON,
D'APRÈS UNE LETTRE INÉDITE A JOSÉPHINE[1].

Tandis que s'imprimaient les deux premières parties de ce volume, nous continuions de chercher encore et l'on cherchait pour nous. De là des renseignements nouveaux, accueillis, quoique tardifs, avec empressement ; de là des découvertes imprévues à ajouter au faisceau de notre premier butin. Nous

(1) Nous devons l'indication de cette lettre, perdue, comme une épingle dans un sac de blé, parmi les nombreux autographes du cabinet des manuscrits, à la Bibliothèque impériale, à l'encyclopédique et obligeante érudition de notre confrère et ami Ed. Fournier, et c'est une savante main, celle de M. H. Michelant, qui a bien voulu en écrire pour nous la copie. (*Fonds français*, n° 12763.)

n'aurons pas pour ces tard venus bienvenus l'in-
hospitalière et insouciante réponse de l'abbé de
Vertot. Le siége d'un véritable historien n'est
jamais fait tant qu'il lui reste quelque chose à faire.
Voici par exemple une lettre qui change les notions
reçues et acceptées jusqu'à ce jour et revêtues d'une
sorte d'autorité traditionnelle sur la vente de la
Malmaison. Il résulte des détails donnés par le
correspondant de madame Bonaparte (car c'est à
elle qu'est adressée, sans nul doute, l'épître en
question) que ce n'est pas de Le Couteulx de Canteleu que la Malmaison fut acquise, mais de ses
propriétaires avant la Révolution, laissés dans cette
possession par une rare faveur de la spoliatrice
Terreur, les Le Couteulx du Moley : le mari oublié,
la femme épargnée, l'un malgré sa fortune, l'autre
malgré son esprit. Il en résulte aussi que cette
acquisition dut coûter au budget commun de Bonaparte et de Joséphine plus de 160,000 francs, à
moins que (et c'est là ce que nous croyons) on n'ait
séparé le bloc en deux parts et vendu à madame
Bonaparte, qui ne voulait qu'une propriété d'agrément, le château, le jardin et le parc, c'est-à-dire
environ 75 arpents, pour réserver au morcellement
les 312 arpents susceptibles d'une exploitation agri-
cole dont Joséphine ne se souciait guère. Nous

remarquerons encore le nom significatif du commissionnaire porteur de la lettre ; c'est le fils du menuisier Cochard, le fils du *patron* d'Eugène de Beauharnais, un moment le compagnon de cet aristocratique apprenti qui devait porter la couronne.

« A Croissy, le 11 ventôse an VII,
vendredy soir.

« J'ai passé ce matin, mon aimable voisine, quatre heures à la Malmaison, et j'y ai trouvé Mme Du Molley. Je vous demande toute votre attention pour la lecture de la longue épitre que je vous ecrits. Je dois ne vous rien laisser ignorer de ce qui m'a été dit et de ce que j'ai vu, la determination que vous aves à prendre etant importante. Si vous eties aussi riche que le public le croit je ne vous parlerois que des agremens de la plus jolie habitation que je connaisse, mais il faut que vous fassies une acquisition utile et celle de la Malmaison est telle. Cependant si vous n'avies pas, par votre riche mobilier, la perspective d'une jouissance de 20 à 25000^f de rente à joindre au revenu de la Malmaison, votre existence y seroit genée ; il faut de l'aisance dans une belle habitation et les moyens d'y recevoir quelques amis.

» Mme Du Molley a debuté par me faire voir une lettre par laquelle on lui propose de la Malmaison sans les meubles, 200,000^f comptant et un domaine n^{al} de 11000^f de rente. J'ai repondu que voulant payer des creanciers un domaine à revendre ne pouvoit lui con-

venir, et je lui ai demande son dernier mot ; « 300,000
» m'a-t'-elle repondu, le Gal Buonaparte les a offert au
» representant Canteleux, mon parent, qui est pret à
». l'attester. Ce fut un mois apres sa promenade à la
» Malmaison. »

» J'ai répeté que le Général ne vous avoit jamais parlé
que d'une offre de 250000 ^f. Mais qu'en supposant que
depuis il eut en effet offert 300000 les terres avoient
baissées, depuis ce temps la, et que je voudrois avoir à
vous faire une proposition plus douce, que 300,000
pour la terre, environ 25000^f pour les meubles, 15000
au moins pour le mobilier rural, les denrées qui sont
dans les greniers à acquerir, les frais de labour et de
fumage à rembourser pour la prochaine recolte dont
vous aures, il est vrai, la jouissance, et environ 15000^f
pour les droits à payer à la nation vous constitueroient
dans une mise de fonds d'environ 360,000 ^f. J'ai donc prié
Mme Du Molley de voir son mari qui étoit dans la maison,
mais qui, n'aimant pas à traiter de la vente d'une terre
qu'il a tant embellie et ameliorée, l'avoit prié de me
recevoir et de savoir mon dernier mot. Elle a été le
joindre et pendant ce tems la j'ai été avec le concierge
voir toutes les proprietés ; une promenade de deux heures
et une longue conversation m'ont procuré les details
suivants.

» Il est assez difficile de pouvoir dire quel seroit le
prix de ferme de la Malmaison; depuis 30 ans cette
terre est en regie. M. Du Molley y a fait tous les ans des
constructions, des embellissements et des depenses con-
siderables. Ce concierge l'a toujours regie sous M. Du

Molley et son pere la regissoit sous ses predecesseurs ; il y a, dit-il, 387 arpents en froment, en vigne, en bois et en prairies, les terres sont excellentes. On a fait cette année 120 pieces de vin qui se vent 50 ᶠ. La maison de Mᵉ Du Molley composée de 25 individus, tous les gens de la ferme vivent sans acheter ; les vaches, les moutons, les cochons et une basse-cour enorme deffrayent toute cette maison et sans la baisse des terres la Malmaison devroit se vendre 500,000 ᶠ. Voila le langage du concierge, qui est tout triste de voir son maitre forcé a vendre, et dit que s'il veut qu'il aille le servir dans la proprieté qu'il compte habiter, n'importe à quel prix, il le suivra.

» J'ai voulu, ne pouvant rien avoir de certain sur un revenu fixe, calculer le *Revenu* de cette propriété d'une autre maniere. J'ai verifié qu'en l'an 4 la contribution fonciere s'élevoit à 6931 ᶠ, ce qui suposoit un revenu quatre fois plus fort, par consequent de 27,724ᶠ. Mais la moitié de cette année ayant éte payée en papier, j'ai demandé les quittances de l'an 5, et j'ai reconnu que dans cette année où le papier n'avoit plus de cours, l'imposition avoit éte reduite à 4818 et en suposant l'imposition portee à la rigueur du quart j'ai trouvé un revenu net, deduction faite de l'imposition, de 14,454ᶠ. Mais des frais qui doivent avoir lieu et des gages payés me l'ont faite reduire à 12000ᶠ. Le concierge m'a dit qu'il y avoit trois partis à prendre, celui d'avoir un seul fermier, que ce seroit le plus simple, celui de continuer à faire valoir, ou enfin d'afermer par 2 ou 3 arpens comme venoit de faire un voisin qui avoit loué les memes terres de 36 à 40, sur quoi il falloit deduire l'imposition qui etoit de 6 à 8 suivant les qualites de terre, mais que les vignes et les prés se loueroient mieux.

» D'après cet exposé j'ai calculé qu'en se reservant le parc qui est de 75 arpents et dans lequel il y a bois, vignes, terres et prés il resteroit 312 arpents à louer et qu'en ne les louant franc d'impots que 30ᶠ cela feroit 9360 : qu'en ajoutant à ce revenu celui du parc que l'on estime 6000, mais que je reduis à 3000, cela feroit un revenu net de 12000. Voila un aperçu qui est rassurant.

» J'ai rejoint Mme Du Molley et elle m'a dit quel étoit le dernier mot de son mari, sur lequel il ne variera plus. Il veut 290,000 francs pour le ci-devant chateau, les glaces qu'il estime 20,000, le mobilier rural, sept chevaux, douze vaches, 150 moutons, des cochons et la bassecour la mieux garnie en dindes, poulles et pijeons.

» Voila deux sacrifices obtenus, d'abord 10000 et le mobilier rural qui en vaut bien 12 à 15 mille.

» M. Du Molley cedera les meubles suivant l'estimation de deux tapissiers, elle sera partielle ou en masse, et elle fera connaitre le peu d'objets qu'elle veut se reserver.

» Il sera fait, suivant l'usage, une estimation des frais de labour, de semence et de fumage faits pour la recolte prochaine, on y joindra l'impot de l'an 7, et comme l'acquereur jouira de la recolte, il payera ces objets.

» On estimera aussi les grains, fourages, paille, vins du pays qui existent dans les greniers et les caves et on ajoutera ce prix à celui de l'estimation des meubles que l'acquereur payera en meme tems.

» Comme il est impossible à M. Du Molley de recevoir

avant le delai accordé par la Loi des hipotheques, il desire qu'à compter dud. jour, qui est je crois dans le departement de Seine-et-Oise le 26 *Germinal,* on lui paye 150000 ꜰ et 50000 un mois apres. Ce qui ne porte pas les payemens à des epoques plus éloignées que celles proposées par vous, Madame; le surplus sera payé un an après.

» Ces payements seront imputés partie sur ce qui entrera dans le contrat et partie sur les objets mobiliers qui ne doivent point de droits à la nation.

» Voila, ma chere voisine, ce que veut M. Du Molley. Si vous pouves donner ce prix, mad. Du Molley vous invite à voir sa maison et sa terre. Elle retourne demain à Paris et n'y reviendra que le 8, jour auquel elle seroit charmée de vous recevoir. Mais si, ainsi que nous en avions fait le projet, vous voulies y venir le 4 de cette décade, après-demain, la maison vous sera ouverte et peut-être vous verres plus à votre aise, la maitresse de la maison n'y etant pas. Ayes la bonté de me repondre par le commissionnaire, *c'est le fils du menuisier Co-chard* pour lequel vous avies des bontes au tems heureux ou nous vous possedions; je vous prie de donner des ordres pour qu'on le fasse diner pendant que vous me repondres. Dites moi, dans le cas où vous voudries aller à la Malmaison *après demain* 4, à quelle heure je dois me trouver chez vous, En partant à 10 heures nous y serions à 10 et demie et après avoir vu pendant 3 heures le dedans et le dehors nous pourrions revenir diner à Paris.

» Je dois vous dire que M. Du Molley compte que son

honnete et intelligent concierge le suivra dans sa retraite,
mais j'ai obtenu qu'on vous le laissera jusqu'à la fin de
l'eté, époque à laquelle on peut donner à ferme, de
sorte qu'il conduira tout jusqu'à cette epoque, et en
vérité je l'ai demandé, parceque quel homme que vous
metties à la tete de cette régie il n'y entendroit rien et
que si vous metties en ferme au mois de Brumaire
(S. Martin v. s) il faudroit le renvoyer, au lieu que ce
concierge s'en ira tout naturellement et que d'ici là
personne ne peut vous donner de meilleures idées pour
tirer parti de cette proprieté. M. Du Molley en a une
que j'ai gouté, il y a trois grandes avenües bien droites,
bien tristes qui environnent ce chateau, on en tireroit
4000ᶠ en les abattant, comme elles sont au milieu des
terres elles augmenteroient la culture et le revenu, alors
on traceroit une avenüe de peupliers qui partiroit du
chemin de Sᵗ Germain, tourneroit dans le vallon et con-
duiroit à la Maison. Je ne connais rien d'aussi agreable
que cette maniere d'arriver. J'en ai vu un exemple à
quelques lieues de Paris.

» Je dois vous dire que cette pauvre Mad. Du Molley
a frissoné quand j'ai dit que lasse de Paris, si vous
acheties, il seroit possible que vous y vinssies quinze
jours après, elle comptoit y rester une partie de l'eté,
je dois vous dire aussi qu'elle et son mari occupent un
charmant apartement à la ferme et separé du chateau
dans lequel il y a, dit-on, 20 apartements, elle m'a
demandé si elle vous generoit en se le reservant jusqu'en
Thermidor, elle seroit la pres de Paris et pourroit y
aller faire ses affaires avant de se retirer dans sa Retraite,

21.

alors vous pourries occuper le chateau, le lendemain de votre acquisition et ce procédé vous attacheroit encore plus le concierge dont vous aves besoin jusqu'au moment où vous feres un Bail.

» J'ai oublié de vous dire que l'on pouvoit avoir à la Malmaison 300 Betes à laine et que cet objet bien conduit peut ajouter au Revenu de la terre.

» La proprieté est tout ce que j'ai vu de mieux dans le genre utile et agréable. Mais je le répete avec son seul revenu on seroit gené parceque la maison est grande et la ferme superbe. Ce dernier objet est étonnant.

» Si vous vous decidés, M. Du Molley vous prie de n'en pas parler jusqu'à la signature. Je vous invite aussi à ne mener à la Malmaison que votre charmant enfant [1]; n'oublies pas de me mander à quelle heure vous me voules le 4. J'irai coucher demain à Paris.

» Voici une Epitre eternelle, mais j'ai du vous tout dire. Gardes la et vous me la rendres apres demain, parcequ'elle me rapellera tous les engagements pris par M. du M.

» Adieu, mon aimable Voisine, combien je serai heureux si cette acquisition en offrant des objets d'utilité repand quelque charme sur votre vie.

» Agrees, ma chere Voisine, mon ancien et respectueux attachement.

» Chanour (ou Chavour?) »

---

[1] Il s'agit ici évidemment d'Hortense. Eugène était alors en Égypte avec Bonaparte,

II.

Nous profitons et nous faisons profiter le lecteur de la bonne fortune, due à M. Louis Barbier, auquel ce volume en doit beaucoup, de la communication des *Mémoires manuscrits et inédits* de Fontaine, architecte du Premier Consul, puis de l'Empereur, puis de tous les gouvernements qui ont succédé. Nous y trouvons une foule de précieux et curieux détails, et le journal familier de la Malmaison, non-seulement au point de vue des constructions, mais des personnes. Fontaine était un de ces artistes observateurs et courtisans qui voient bien, qui entendent à merveille, et qui gardent pour la postérité une provision de commérages instructifs, de confidences anecdotiques où s'épanche librement, comme par une soupape de sûreté, la vapeur d'une longue contrainte, dont la fermentation s'aigrirait jusqu'à l'explosion sans cette issue du mémorial intime et secret, tenu chaque soir avec une régularité d'habitude et de besoin et soigneusement conservé, gardant pour l'avenir le souvenir des travaux accomplis, la consolation des épreuves traversées, la vengeance des injustes dédains, des vulgaires obstacles, des mesquines rivalités. Rien d'intéressant comme cette *Chronique de la Malmaison*, maison et hôtes, habitation et habitants, hommes et choses, budget et anecdotes, chiffres et sentiments, écrite par ce bonhomme caustique et de bonne heure sceptique qui fut Fontaine.

Le 1er germinal (22 mars 1800).

SALLE A MANGER DE MALMAISON.

La décoration de la petite galerie de Malmaison, exécutée par les citoyens Jacob et Moench, a été faite et placée en dix jours. Cet ouvrage a obtenu un assez grand succès, et le Premier Consul, qui, dit-on, n'est pas facile à contenter, en a paru satisfait. Il ordonne que la salle à manger soit agrandie et que toutes les petites pièces qui précèdent la chambre à coucher soient détruites ; qu'il lui soit fait un logement dans le pavillon du nord, au-dessus du salon. Il veut augmenter l'étendue du parc et embellir les jardins en faisant de nouvelles plantations et un grand lac. Ces dispositions nous mettent en pied dans la maison ; mais aussi elles nous font perdre l'espérance d'exécuter jamais les nouveaux projets que nous avions faits ; c'est à regret que nous voyons s'échapper une occasion de nous faire honneur,

en construisant dans le beau site de la Malmaison une
habitation digne du grand homme que nous servons ; il
nous faut rétablir et rendre commode une mauvaise
maison qui tombe en ruine et qui n'avait été bâtie que
pour un personnage très-ordinaire....

20 germinal (10 avril 1800).

AGRANDISSEMENT ET NOUVELLES CLÔTURES DU PARC DE MALMAISON.

Nous faisons commencer les clôtures pour réunir au
parc les terres qui se trouvent entre la route, la propriété
de mademoiselle Julien et les jardins de la Malmaison ;
on plantera à la fin de l'année.

10 floréal (30 avril 1800).

On fait à Malmaison un petit escalier en dehors de
l'angle des nouvelles écuries de la ferme pour le service
du corps de garde.

15 floréal (5 mai 1800).

On démolit les pièces entre la salle à manger et la
chambre à coucher du Premier Consul ; il faut remplacer une poutre pourrie au plancher haut et une travée
tout entière. Les trumeaux sur la face du bâtiment sont
dans le plus mauvais état. Nous prenons le parti de po-

ser la poutre sur des poteaux de bois placés debout dans
l'intérieur sur les deux faces. Ce travail exige le rétablissement entier du plafond de la salle à manger. On
construit dans les caves au-dessous deux poêles, dont les
bouches et les conduits doivent échauffer la pièce. Nous
faisons percer les deux murs à droite et à gauche dans
le vestibule. Nous comptons ouvrir ainsi, par des arcades, le rez-de-chaussée de la maison, et au moyen de
glaces mouvantes avec et sans tain ne faire en quelque
sorte qu'une seule pièce de trois qui forment le corps
de logis entre les deux pavillons.

20 floréal (10 mai 1800).

LA VIE DE MALMAISON.

Le Premier Consul se plaît à Malmaison, et il y vient
assez régulièrement tous les dix jours, accompagné de
madame Bonaparte, de ses aides de camp Murat, Junot,
Duroc, Lemarois, Lacuée, Lauriston, des officiers Lannes, Bessières, du ministre Lucien son frère, de son
frère aîné Joseph, de Louis et de Jérôme son plus jeune
frère, qui étudie à Juilly. Madame Bacciochi sa sœur
aînée y vient plus rarement. Mademoiselle Caroline,
qui est en pension à Saint-Germain, chez madame Campan, y vient assez souvent; nous y voyons peu madame
Pauline, celle des sœurs du général qui a épousé l'officier Leclerc.... Madame Bonaparte la mère, jeune et
fraîche encore; M. Fesch. Voilà la société du décadi....

1ᵉʳ prairial (21 mai 1800).

On continue les dispositions de la nouvelle salle à manger de Malmaison ; le Premier Consul, qui se plaît beaucoup à la campagne, a coutume de se promener le matin de bonne heure, souvent seul ; quelquefois il se fait accompagner par le citoyen Lhuissier, ancien régisseur de M. Le Couteulx, espèce de personnage grossièrement malin ; il me permet aussi de le suivre, et me laisse apercevoir dans ses questions et dans ce qu'il me dit de grands projets de magnificence, mais en même temps les vues de la plus sévère économie.

---

13 messidor (2 juillet 1800).

VICTOIRE DE MARENGO.

On reçoit la nouvelle de la victoire de Marengo. Madame Bonaparte donne un souper sous les arbres du petit jardin à Malmaison. Nous avons fait placer des tentes, que Lecomte nous a prêtées, pour couvrir les tables du repas.

---

20 messidor (9 juillet 1800).

La salle à manger, celle du billard et le vestibule de Malmaison sont presque achevés. Le Premier Consul, qui est de retour, est satisfait de ces changements ; il ordonne que l'on décore le salon, que l'on fasse une salle de conseil en place de sa chambre à coucher au rez-de-chaussée, et une bibliothèque dans le pavillon d'angle à la suite, du côté du midi : il logera désormais au premier, au-dessus du salon de compagnie.

1er thermidor (20 juillet 1800).

La nouvelle décoration du salon, exécutée en dix jours par les CC. Jacob, n'a pas le même succès que la petite galerie et la salle de billard. Les lambris en acajou plein, les encadrements en velours et les draperies en étoffe sur les portes paraissent d'un effet triste. Nous avons demandé, pour remplir les panneaux entre les pilastres, deux grands tableaux aux CC. Girodet et Gérard, et quatre petits aux citoyens Bidault, Taunay, Dupéreux et ..... Madame Bonaparte désire que ces tableaux représentent des traits de la vie du général.

20 thermidor (8 août 1800).

Nous faisons une salle de bain au premier étage, près la chambre du Premier Consul, du côté de l'entrée ; un cabinet de toilette, une petite chambre à coucher, et des pièces accessoires de l'autre côté sur la galerie.

1er fructidor (19 août 1800).

Le Premier Consul se trouve bien à la campagne. Sa puissance et son État augmentent avec sa gloire ; il approuve nos embellissements, et malgré l'inconvénient des réparations, des changements et des dépenses que nous faisons dans les mauvais bâtiments de Malmaison, il continue à donner des ordres pour la mise en état de cette habitation. Le rétablissement et les changements que nous faisons coûteront autant que la petite habitation projetée à mi-côte au-dessus du vieux château. Nous cherchons à rattacher à nos premiers projets les ouvrages que nous faisons aujourd'hui. Nos soins, nos peines sont inutiles. Nous voilà entraînés, sans pouvoir nous en défendre, dans un chemin où nous marchons à tâtons, et nous craignons beaucoup qu'un jour on n'ait à nous reprocher des torts que nous ne pouvons éviter.

8 fructidor (26 août 1800).

On travaille avec la plus grande activité au rétablissement des murs de l'aile du midi à Malmaison, et aux dispositions de la bibliothèque et de la salle du conseil que le Premier Consul nous a demandés. La bibliothèque que nous voulons faire en pendant à la galerie, dans le pavillon du nord, présente des difficultés très-grandes, entre autres, celle de conserver le tuyau de la cheminée de cuisine, qui est au-dessous, et qui ne peut être placé ailleurs.

1er complémentaire (18 septembre 1800).

M. Jacob, qui a été chargé de faire l'ébénisterie et la menuiserie de la bibliothèque de Malmaison, a montré

22

dans l'exécution de cet ouvrage une intelligence rare ; son zèle et son activité nous ont été très-utiles. Tout est maintenant en place, et quoique le Premier Consul ait trouvé que cette pièce ressemblait à une sacristie d'église, il a été forcé de reconnaître qu'il était difficile de faire mieux dans un local aussi peu convenable ; il reste maintenant à peindre les plafonds et les parties élevées au-dessus de la hauteur des caves.

<hr>

3 vendémiaire an ix (27 septembre 1800).

Les peintres de décoration ont achevé d'orner les plafonds de la bibliothèque, et de peindre la frise en pourtour de la chambre du Premier Consul, au premier étage au-dessus du salon. Madame Bonaparte prend à tout ce que nous faisons un intérêt très-vif. Elle ordonne de nouveaux embellissements. Elle veut que l'on s'occupe des jardins, des eaux, des serres chaudes, enfin de tout ce qui peut contribuer à rendre plus agréable cette habitation qu'elle regarde comme sa propriété particulière. Ses projets varient sans cesse. Elle désire toujours, et nous ne pouvons parvenir à lui faire adopter un plan, une marche réglée pour arriver au but qu'elle se propose d'atteindre.

<hr>

An ix (1800).

Les murs de face de Malmaison sont dans le plus mauvais état, les constructions du vestibule, de la salle

à manger et de la salle du conseil ensuite les ont ébran-
lés ; nous sommes forcés d'élever en pierre des pieds-
droits extérieurement sur les trumeaux. Cela ne gâtera
pas les façades qui n'ont rien de remarquable ; ces pieds-
droits, d'ailleurs, porteront des statues, des vases, et
orneront un peu cette vilaine maison.

---

18 vendémiaire (4 octobre 1800).

On fait placer différents jeux d'exercice dans les jardins de Malmaison pour amuser les jeunes aides de camp
et toute la jeunesse qui compose la famille et la cour du
Premier Consul.

---

19 frimaire (10 décembre 1800).

On continue les arrangements intérieurs de Malmaison. L'achèvement de l'appartement du Premier Consul
et la construction de deux petits escaliers, l'un pour
descendre de sa chambre à la galerie, et l'autre pour
aller du premier étage à la bibliothèque et à la salle du
conseil. Nous regrettons que la situation ancienne de la
maison et les changements exécutés successivement jusqu'à ce jour ne nous permettent pas de faire en sorte
que l'habitation et la bibliothèque du Premier Consul
ne soient pas l'une au-dessus de l'autre ; il résulte de
l'arrangement présent que le Premier Consul, pour aller
de sa chambre à son cabinet d'études ou à son salon de
conseil, doit parcourir toute l'étendue de la maison ,

soit qu'il en fasse le chemin par le corridor du premier étage, soit que, descendu dans la galerie, il traverse les pièces du rez-de-chaussée. Le Premier Consul ne devait, dans le principe, venir à Malmaison que pour s'y délasser, et y oublier, une fois la semaine, les affaires du gouvernement de l'État ; mais aujourd'hui il y reçoit des hommages ; les ministres y viennent lui rendre des comptes ; les chefs de l'armée lui font leur cour, et tout est trop petit pour tant de monde. On agrandit les écuries et les dépendances. Nous faisons, quoique à regret, des projets pour en ajouter de nouvelles à celles qui existent maintenant. Le parc est augmenté de toutes les terres qui se trouvent entre la route, la maison de mademoiselle Julien et le jardin. Nous faisons planter partout. Madame voit avec peine que nous faisons quelques allées droites. Elle veut que tout soit à l'anglaise. Une avenue plantée directement, pour aller d'un lieu à un autre, lui paraît un *barbarisme* contre les règles du jardinage, et ce n'est qu'aux dépens de la bonne opinion qu'elle avait d'abord conçue de nos talents que nous parvenons à obtenir que l'avenue d'arrivée et celle qui mène aux écuries ne seront pas soumises aux règles qui exigent des chemins tortueux.

---

25 pluviôse (4 février 1801).

Madame Bonaparte a pris un jardinier anglais, qui, comme tous les artistes de ce genre, trouve que la plantation que nous faisons est manquée. Un tulipier, qui a été donné par un moderne propriétaire du château et des jardins de Bellevue, a été apporté à grands frais et planté sur la pelouse en face du château.

------

30 ventôse (21 mars 1801).

La paix est faite. M. Benezech m'en a annoncé officiellement la proclamation; il paraît que nous allons avoir des fêtes publiques. Le Premier Consul ordonne des accroissements de bâtiments pour son service à Malmaison. Nous allons porter le corps de garde et la fermeture du parc à l'écurie sur la route. On fera un tourne-bride au petit moulin, et l'on mettra le plus promptement possible les dépendances en état de recevoir beaucoup de monde. Des statues en marbre ont été achetées à Paris, chez Dumont; elles seront placées, ainsi que plusieurs vases, sur les piliers en pierre que nous avons construits à l'extérieur, pour conforter les trumeaux des murs de face.

------

22 floréal (12 mai 1801).

M. Patrot, ancien minime, que j'avais connu chez M. l'archevêque de Sens, et qui avait été employé par le général Bonaparte dans la conquête de l'Italie, a fait de mauvaises affaires. Il a vendu au Premier Consul des orangers qu'il avait dans une maison à Suresnes. Nous les faisons transporter à Malmaison, sans savoir où nous les mettrons cet hiver.

22.

6 prairial (25 mai 1801).

Le fils du duc de Parme, gendre du roi d'Espagne, proclamé roi d'Étrurie, est à Paris, sous le nom de comte de Livourne. Il va prendre possession de ses nouveaux États. Il a été reçu aujourd'hui par le Premier Consul, qui l'a longtemps entretenu dans la galerie à Malmaison. On n'a fait aucun préparatif pour ce nouveau souverain. Son séjour à Paris est plus un sujet de curiosité que de fête. Il est logé à l'hôtel Montesson, chez l'ambassadeur d'Espagne. Nous avons fait placer avant l'heure de son arrivée à Malmaison deux des quatre tableaux de paysage destinés à décorer le salon : celui représentant le Premier Consul couché, dormant de fatigue dans le passage des Alpes, avant la victoire de Marengo, et les soldats en marche, craignant de troubler son sommeil; l'autre, le Premier Consul sur le sommet des Alpes montrant à son armée les riches plaines de la Lombardie. Le Premier Consul est entré lorsqu'on achevait de les placer. Il les a considérés avec humeur, et a ordonné qu'ils fussent sur-le-champ enlevés. On s'est hâté de remettre en place les toiles vertes qui avaient été ôtées, et les deux tableaux avaient disparu lorsque le roi d'Étrurie est entré.

---

7 prairial (27 mai 1801).

PREMIER COMPTE RENDU DES TRAVAUX DE MALMAISON.

Les à-compte donnés jusqu'ici sur les travaux de Malmaison ont été accordés sans compte rendu; ils

ont été payés par les mains de M. Bourrienne, par celles
de M. Fister, intendants. Différentes sommes, et entre
autres celle de soixante-dix mille francs, ont été remises
à moi-même; mais le moment est venu d'annoncer que
ce que nous avions craint est arrivé; les dépenses se
sont succédé, et déjà elles dépassent la somme de six
cent mille francs; nous prévoyons qu'elles iront au
double, que l'on n'aura pour cette somme qu'une mauvaise maison étagée et légèrement rétablie. Enfin, nous
nous déterminons à prier M. le secrétaire Bourrienne
de mettre sous les yeux du Premier Consul l'état des
dépenses faites jusqu'à ce jour. Jamais embarras n'a été
et ne sera plus grand que le mien, lorsque, cet état en
main, le Premier Consul m'a demandé en quoi et comment une somme aussi énorme avait pu être dépensée;
les excuses et les raisons que j'ai données étaient toutes
tirées de la nécessité de faire, du désir de lui plaire, et
surtout de la conviction que nous avions de sa grandeur;
mais bien que notre entretien sur ce sujet ait été très-
long, et que vingt fois, allant et venant dans la même
allée où la scène se passait, il m'ait fait les mêmes reproches et répété les mêmes phrases, il n'a été dit de rai-
sonnable que ces mots : « Je vous avais prévenu, géné-
,ral, avant de commencer, et après cela, je devais obéir. »

8 prairial (28 mai 1801).

On voulait donner une fête, un grand repas à Malmaison. Nous avions, pour cet effet, commandé une

tente de cinquante pieds de large et de forme octogone. Cette tente, que l'on aurait dressée comme une espèce de grand parapluie, aurait été placée au sortir du vestibule au bout du petit pont et près de la pelouse. Déjà les principales pièces de charpente, et même toute la carcasse, étaient faites, lorsque, ayant demandé de l'argent au Premier Consul, il a tout décommandé, et nous avons été forcés d'engager le menuisier Bouillier, qui avait fait le travail, à le garder jusqu'à ce qu'il soit possible de l'employer.

---

22 prairial (11 juin 1801).

Je vais à Cassan, près de l'Isle-Adam, avec M. Eugène Beauharnais, pour visiter cette maison, qui est à vendre, et que madame Bonaparte voudrait faire acheter. Nous revenons à Paris dans la même journée, peu satisfaits de ce que nous avons vu.

---

18 fructidor an IX (5 septembre 1801).

Le château de Malmaison, malgré nos dépenses, malgré les accroissements que nous y avons faits, est trop petit pour le Premier Consul, à qui l'habitation de la campagne est devenue un besoin. Il a projeté de prendre Saint-Cloud et de le faire mettre en état. Le général Berthier l'engage beaucoup à suivre ce parti. Il dit qu'avec vingt-cinq mille francs de dépense, la maison peut être rendue habitable. Madame voudrait que l'on ne quittât pas la Malmaison, qu'elle regarde comme sa propriété particulière, dont elle dirige les embellissements, qu'elle préfère enfin à tout autre lieu du monde.

———

20 fructidor an IX (7 septembre 1801).

L'ordre de restaurer le château de Saint-Cloud, que nous venons de recevoir, a dissipé une partie de nos inquiétudes et a fait renaître nos espérances. Depuis longtemps nous croyions être en disgrâce. Le Premier Consul avait plusieurs fois blâmé nos derniers ouvrages. Le vestibule en forme de tente, que nous avions fait pour tenir les domestiques en avant des salons de Malmaison sur la face d'entrée, lui avait paru une loge d'animaux à montrer à la foire. Il avait trouvé que les deux pavillons de la grille d'entrée étaient trop magnifiques, et cependant la nécessité seule en avait motivé la forme. Ils n'avaient pas le moindre ornement. L'un servait de corps de garde, l'autre de logement de portier. Notre hérésie sur le goût présent des jardins nous avait fait tort dans l'esprit de Madame. Parler d'ordonnance et de régularité en fait de jardins, c'était blasphémer. On ne voulait que des groupes, des effets, des oppositions et surtout du sentiment. J'avais quelquefois confessé moi-même notre insuffisance sur les secrets d'un art que par ménagement nous n'osions pas nommer charlatanisme. J'avais cité l'ouvrage de M. Morel comme la moins mauvaise chose écrite dans ce genre, lorsque tout à coup M. Morel, qui, depuis longtemps, vivait retiré à Lyon, avait paru à Malmaison.

C'était un vieillard septuagénaire de petite taille, robuste de corps et assez frais d'esprit; rien de ce qui était fait ne lui avait paru supportable. Ici, l'on avait négligé d'associer les arbres selon le moral de chaque espèce; là, des sinuosités cahoteuses produisaient des discordances de goût. Partout il avait vu injure à la nature et guerre à l'art. Un projet de jardin botanique, avec serres chaudes, ménagerie, volières, viviers, et au centre un petit pavillon, dont l'intérieur était un muséum, avait été présenté par nous et beaucoup applaudi. Déjà l'une des serres chaudes qui entraient dans la composition de son ensemble avait été élevée; mais le patriarche des jardins anglais n'avait voulu faire grâce à rien. La serre fut condamnée. Les principes, selon lui, dans cet ouvrage, avaient été méconnus, la position manquée, et toutes les conditions identiques de chaque partie négligées ou entièrement oubliées.

Enfin les mauvais services que nous rendait visiblement M. Morel, quelques chances malheureuses, et surtout l'amour-propre offensé, nous avaient entraînés à demander à nous retirer et à chercher dans le fond de notre cabinet, loin des grands et des *dendrologues,* les plaisirs et les produits d'un travail assidu et tranquille.

Et les deux architectes froissés écrivaient à madame Bonaparte et à Bourrienne deux lettres dans lesquelles ils semblaient offrir une démission qu'on ne souhaitait pas. On fut assez bon pour ne pas les prendre au mot, et le silence calma ce

conflit naissant que toute explication eût sans doute
fatalement envenimé. Nous ne citons de la lettre à
Bourrienne que le passage justificatif qui donne
sur les travaux de la Malmaison quelques détails
intéressants.

« ..... Nous avons été appelés par le Premier Consul
à l'honneur de le servir dans un emploi difficile à remplir. Nous avons créé dans une maison qui tombait en
ruines une habitation autant convenable que le lieu pouvait le permettre. Le Premier Consul n'a jamais cessé
d'y venir; tout s'est fait sous ses yeux avec un zèle et
une rapidité à laquelle il a lui-même quelquefois daigné
applaudir. Il a été surpris du montant des dépenses que
ces travaux ont occasionnées. Il se plaint aujourd'hui de
notre lenteur. Il nous accuse de négligence. Cependant
les écuries du petit moulin sont achevées; elles pourront
être occupées sous peu de jours. On continue les clôtures
du parc, quoique les terrains que l'on va enclore ne
soient pas encore acquis. La grille d'entrée a été retar-
dée malgré nous..... »

---

11 vendémiaire an x (2 octobre 1801).

M. le général Duroc nous prévient que le Premier
Consul a désigné M. Lelieur de Ville-sur-Arce pour
intendant de ses jardins. Déjà, je l'avais entendu médire
à Malmaison que les architectes ne savaient pas faire
les jardins, et que si M. Morel n'était pas si vieux, il

faudrait peut-être lui donner les jardins à diriger. Je n'avais rien répondu ; j'avais compris de quelle source venait la première phrase, et je reconnaissais par la seconde que le but en avait manqué.

COMMENCEMENT DES TRAVAUX DE SAINT-CLOUD.

10 vendémiaire an x (23 septembre 1801).

CORPS DE GARDE A MALMAISON.

25 frimaire (16 décembre 1801).

On avait tiré des Menus-Plaisirs des restes des maisons portatives, et nous avions fait faire plusieurs petites baraques en bois dans lesquelles on avait établi des postes de garde sur les points principaux de Malmaison ; l'un sur la grande route près le chemin de la Jonchère, l'autre sur le sommet de la côte grise, un troisième à l'entrée de Rueil, et un quatrième près les murs du parc du général Masséna. Le Premier Consul avait laissé prendre, mais n'avait pas approuvé ces précautions ; il vient d'ordonner la suppression de ces corps de garde, qui ne sont plus tenables par le froid, et l'achèvement du bâtiment qui a été commencé pour placer un piquet de cavalerie à l'entrée du parc, du côté de Rueil.

Jusqu'ici M. Morel ne s'est occupé que des projets pour le jardin ; nous continuons sous ses yeux, et contre

son gré, à faire mettre quelques arbres en terre et à
dresser quelques-uns des principaux chemins du nouveau parc.

COMÉDIE A MALMAISON.

1er germinal (22 mars 1802).

Depuis longtemps, le goût des comédies s'est introduit dans la maison du Premier Consul. Les dames et
les jeunes gens de sa famille et de sa cour s'occupent du
plaisir de représenter eux-mêmes devant lui de petites
scènes, des pièces de circonstance et quelques autres
ouvrages dramatiques, de nature à être exécutés dans un
petit espace. Nous avions fait une espèce de théâtre por-
tatif que l'on montait à cet effet dans la galerie de Malmaison, près le salon. Nous-avions ensuite trouvé les
moyens de former une petite salle en prenant sur la
diagonale l'une des plus grandes pièces du pavillon
nord au second; mais ce dernier arrangement, quoique
plus grand que le premier, remplissait moins le but
proposé; il fallait monter deux étages; on quittait les
salons et la compagnie pour aller se placer dans une
salle étroite qui n'avait ni étendue ni magnificence.
Enfin le Premier Consul, cédant aux demandes qui lui
sont faites depuis longtemps, nous a ordonné de construire de la manière la plus économique possible une
petite salle entièrement isolée dans les cours, du côté
de la ferme. Il accorde un mois pour l'exécution de cet
ouvrage, auquel nous pourrons mettre la main dès qu'il

aura approuvé la dépense. Un plan, un devis ont été
faits dans la journée d'hier. Le tout a été remis à
M. Bourrienne, qui, avec madame Hortense, la fille de
madame Bonaparte, est l'un des plus ardents acteurs.
Voici la lettre que nous lui avons adressée sur ce sujet :

« 3 germinal an x (24 mars 1802).

» Monsieur, nous avons cherché les moyens de satisfaire à la demande que le Premier Consul nous a faite
d'une salle de comédie pour Malmaison, et après nous
être pénétrés des vues d'économie et de prompte exécution qui nous sont prescrites, nous avons trouvé qu'il
nous était possible de faire en trente jours et pour la
somme de trente mille francs, sur l'espace de la ferme,
près la galerie, une salle de comédie, sans prétention à
une solidité monumentale et sans ornements extérieurs,
mais la supposant, ainsi qu'il est indiqué sur les plans
ci-joints, bâtie en planches et presque portative au besoin. Sa forme est un cercle coupé par des pans, le tout
couvert en ardoises. Il y aura un parterre, un rang de
loges, une galerie, un orchestre, deux petits foyers
et un théâtre sans machines. Le plafond sera recouvert en toiles peintes, ainsi que tous les murs intérieurs. Le plancher bas sera élevé au-dessus du sol pour
éviter l'humidité, et disposé de manière à former une
salle de bal au besoin. Elle contiendra deux cents personnes au moins. Nous vous prions de mettre ce projet
sous les yeux du Premier Consul..... etc..... »

30 germinal (20 avril 1802).

La petite salle de comédie de Malmaison est terminée, à quelques détails près, ainsi que nous l'avions promis.

---

22 floréal (12 mai 1802).

On a joué pour la première fois sur le théâtre de Malmaison. Les Italiens y ont représenté la *Serva padrona*. La salle a paru fort agréable, et si l'ouvrage représenté eût été plus conforme au goût des spectateurs, on s'y serait beaucoup amusé.

Le Premier Consul a fait acquisition du pavillon du Butard, entre Marly et Versailles, et nous avons reçu ordre de faire arranger, de mettre en état cette petite habitation, qui doit servir de rendez-vous de chasse.

---

4 prairial (24 mai 1802).

Le rétablissement du château de Saint-Cloud est presque entièrement achevé. Ce travail a été exécuté avec la plus grande promptitude. Le Premier Consul est venu plusieurs fois reconnaître les choses à des époques différentes. Il a vu le mauvais état des planchers, il a lui-même indiqué la distribution des appartements, il a ordonné qu'il serait fait une salle de spectacle, un manége et un abreuvoir. Nous remarquons qu'il est impatient de venir y faire sa résidence habituelle.

12 messidor an x (1er juillet 1802).

Nous venons de recevoir, par M. le général Duroc, l'ordre de remettre à M. Lepère, architecte, revenu d'Égypte, la direction des ouvrages à faire à Malmaison. Depuis le 10 pluviôse an VIII, époque à laquelle nous avons été appelés à diriger les constructions de Malmaison, deux ans et cinq mois se sont écoulés pour nous en fatigues continuelles, et dans les inquiétudes ou les craintes des reproches que devaient nécessairement attirer sur nous le rétablissement de cette mauvaise maison, et les énormes dépenses auxquelles nous étions sans cesse entraînés. Plusieurs fois le Premier Consul, regrettant l'argent employé à des revendages peu honorables, avait défendu d'y rien faire; mais ses besoins personnels, ceux de sa représentation, l'avaient obligé à donner des ordres contraires. Madame, qui regarde Malmaison comme sa propriété particulière, veut, sans mesure et sans bornes, y voir rassemblées toutes les richesses que les arts peuvent produire. Ses désirs sont des ordres auxquels on ne peut résister, et dont le plus habile ne saurait prévoir le terme. Souvent et malgré nous il a fallu obéir. Nos premiers projets, faits avec zèle, avaient obtenu des éloges ; mais bâtir une maison nouvelle dans un lieu que le Premier Consul habite tous les dix jours était peut-être la chose impossible. On avait préféré approprier à ses besoins la vieille maison, dont on ne pouvait se passer. Tout avait été rétabli pièce par pièce avec une promptitude extraordinaire et sans jamais interrompre les fréquents voyages qu'il avait coutume

d'y faire. Nous avons fait du rez-de-chaussée une suite
de pièces assez vastes, qui se communiquaient et se ter-
minaient d'un côté par une petite galerie, de l'autre,
une bibliothèque; au premier après le logement du Premier Consul, on trouvait sept autres logements assez
commodes, et au second, dix. Les cuisines, qui étaient
dans les caves du château, avaient été rapportées et dis-
posées d'une manière commode dans les bâtiments de la
ferme. La petite salle de spectacle, bâtie isolément,
communiquait à la galerie par un passage couvert en
coutil. Le parc avait été agrandi de plus de moitié. Nous
avions porté la première grille à son entrée principale à
la grande route. On avait construit une écurie et des remises sur l'emplacement du petit moulin, et une écurie
avec un corps de garde pour le piquet de cavalerie à
l'extrémité du parc, près de Rueil.

Nous avions commencé l'exécution d'un projet de jardin botanique, composé de serres chaudes, ménageries,
volières, et autres dispositions d'agrément, écrit sous la
dictée et pour satisfaire aux goûts de Madame. Déjà l'une
des serres chaudes qui faisait partie de l'ensemble général avait été élevée près du chemin qui conduit à l'étang.
Le pavillon de la Jonchère, acheté par le Premier Consul, avait été donné à M. Eugène, le fils de madame
Bonaparte, pour qui nous l'avions remis en bon état,
et qu'il n'avait presque jamais habité. Enfin, nous avions
planté d'arbres le nouvel enclos qui venait d'être réuni
au parc. M. Morel, appelé depuis longtemps pour les
jardins, avait perdu en projets un temps que nous avions
employé à faire; il avait beaucoup blâmé, mais n'avait

pas empêché nos plantations. Ce n'est que depuis six semaines seulement qu'il a commencé à faire travailler, et à changer ce que nous avions planté. M. Lepère, qui va nous remplacer dans la direction des bâtiments, paraît animé d'un meilleur esprit que le vieillard des jardins... etc...

Dès le 24 septembre 1802 (2 vendémiaire an x) nous trouvons au journal de M. Fontaine cette indication qui arrête naturellement nos extraits :

Le Premier Consul est allé fixer son séjour à Saint-Cloud, où tout est prêt depuis longtemps pour le recevoir. Il paraît satisfait des arrangements de cette maison, et nous croyons qu'il l'habitera de préférence à toute autre.

III.

GALERIE DE LA MALMAISON.

Nous possédons le *Catalogue des tableaux de Sa Majesté l'impératrice Joséphine dans la galerie et appartements de son palais de Malmaison* (1), et nous n'hésitons pas à reproduire ce

(1) Paris, de l'imprimerie de Didot jeune, 1811, petit in-4°, 32 pages.

document, qui nous permet de juger de l'étendue, de la richesse et de la variété de ce trésor d'art, aujourd'hui à jamais dispersé, en signalant les quelques restes qui subsistent encore de la collection laborieusement et onéreusement amassée, et comme les *disjecti membra poetæ*, témoignent de la beauté et de l'harmonie du corps lorsqu'il était complet. Ces tableaux dépareillés et désaccouplés ont été, non plus dans l'artistique sanctuaire disparu, mais dans le salon de musique qui le précédait et formait pour ainsi dire le vestibule de la galerie où s'étalaient jadis, sous un jour favorable, les pacifiques trophées des conquêtes du goût et de la libéralité de Joséphine. Les plus beaux sont à l'Ermitage et ne brillent ici que par leur absence.

Une précieuse communication due au propre petit-fils de M. Constantin, conservateur de ce petit musée choisi, nous eût permis, si ce détail n'eût été jugé inutile, de rétablir d'une façon authentique les prix d'acquisition ou d'estimation et ceux de vente des tableaux de la galerie de la Malmaison.

1. François Albane. — La Nature, figurée par une femme allaitant des enfants.
2. Le même. — L'Enlèvement d'Europe.
3. Le même. — Diane au bain avec ses nymphes.
4. Le même. — Danse d'enfants ; allégorie sur la fortune.

5. Jean Asselin. — Environs de Rome; paysage avec figures
   et animaux.
6. Francesco Barbieri, dit le Guerchin. — Saint Sébastien
   percé de flèches.
7. Le même. — Repos en Égypte.
8. Le même. — Prophète et Sibylle (deux têtes).
9. Le Bachiche. — Les trois Parques.
10. Ludolph Backuysen. — Combat naval.
11. Pompée Battoni. — Incrédulité de saint Thomas.
12. Jean Bellin. — Vierge et Enfant Jésus.
13. Nicolas Berghem. — Marche d'animaux entre des rochers.
14. Le même. — Ruines d'Italie et marche d'animaux.
15. Le même. — Annonce aux bergers.
16. Le même. — Paysage et animaux.
17. Le même. — Marche d'animaux à travers des rochers.
18. Le même. — Paysage orné de figures et d'animaux.
19. Guérard Berkeyden. — Place et cathédrale d'Harlem.
20. Le même. — Vue d'Harlem.
21. Le même. — Prairie et animaux.
22. Blanchard. — La Vierge et l'Enfant Jésus endormi.
23. Bartholomé Breenberg. — Bacchanale dans un paysage.
24. Jacob Bunel. — Bataille de Henri IV.
25. Jules-César Procaccini. — Assomption de la Madeleine.
26. Guido Cagnacci. — La petite Martyre.
27. Denis Calvart. — Apothéose de la Madeleine.
28. Antonio Campi (de Crémone). — Sainte Famille.
29. Bernardino Campi. — Sainte Cécile.
30. Canini. — L'École d'Athènes, de Raphaël, copie faite
    pour le cardinal de Richelieu.
31. Alonzo Cano. — Saint Antoine de Padoue et la Vierge.
32. Louis Carrache. — La Madeleine dans le désert.
33. Augustin Carrache. — Vénus et l'Amour.

34. Louis Cardi, dit le Cigoli. — Retour du jeune Tobie avec l'ange.

35. Philippe de Champagne. — Figure d'homme drapée se reposant dans un jardin (saint Augustin).

36. Claudio Coello. — Saint Pierre del Cantara avec un de ses compagnons.

37. Daniel Crespi. — Samson et Dalilah.

38. Albert Cuyp. — Halte de cavaliers. (Bois).

39. Carlin Dolci. — Saint Jean l'Évangéliste.

40. Le même. — Tête de Vierge.

41. Le même. — Sainte Cécile.

42. Le même. — Saint Matthieu; saint Antoine. Deux ovales en travers.

43. Dominique Zampieri. — La Communion de saint Jérôme.

44. Gérard Dow. — Dentiste; Harengère. Deux pendants cintrés par le haut.

45. Le même. — Marchande de harengs.

46. Alphonse Dufresnoy. — Myrrha s'échappant du lit de Ciniras.

47. Le même. — Mort de Pompée.

48. Karel Dujardin. — Paysage et animaux.

49. Albert Durer. — Allégorie sur la vie.

50. Sasso Ferrato. — Tête d'ange.

51. Le même. — Copie de la Madone *della Sedia*, de Raphaël.

52. Gaudenzio Ferrari. — Repos en Égypte.

53. Franc. Francia. — La Vierge en extase devant l'Enfant Jésus.

54. Baltazar Galanino, dit Aloisi, élève et parent des Carrache. — Amour adolescent appuyé sur son arc.

55. Benvenuto Garofalo. — Nativité.

56. Claude Gellée, dit le Lorrain. — Paysage d'Italie. Soleil levant.

57. Le même. — Quatre tableaux représentant les Quatre Heures du jour.

58. Domenico Ghirlandajo. — La Vierge, l'Enfant Jésus, saint Jean et deux anges en adoration.

59. Luca Giordano. — Massacre des Innocents.

60. J. B. Greuze. — Tête de jeune fille.

61. Jean Van der Heyden. — Vue de la ville de Harlem. (Figures de Van de Velde.)

62. Le même. — Vue d'une place à Cologne.

63. Le même. — Vue d'un canal d'Amsterdam.

64. J. David de Heem. — Fleurs et fruits.

65. Le même. — Fruits.

66. Melchior Houderkouter. — Volailles dans une basse-cour.

67. Pierre de Hooge. — La Nourrice hollandaise. Intérieur.

68. Le même. — Intérieur de cour et vestibule.

69. Jacques Jordaens. — Musiciens ambulants.

70. S. M. Lantara. — Deux paysages.

71. Le même. — Paysage. (Figures de Taunay.)

72. Philippe Laur. — Éducation de la Vierge.

73. Jean Linghelback. — Vue d'un port de la Méditerranée.

74. Nicolas Loir. — Les Sept Sacrements, d'après le Poussin. (Sept tableaux.)

75. Bernardino Luini. — Vierge. (Bois.)

76. Le même. — Saint Jérôme dans le désert. (Bois.)

77. Le même. — Sainte Famille. (Bois.)

78. Georges Mantouan. — Chasse aux lions.

79. Carle Maratte. — Repos en Égypte.

80. Fra Bartolomeo. — Circoncision.

81. Martin. — Siége d'une ville sur les bords du Mein.

82. Fr. Mazzuoli, dit le Parmesan. — Sainte Famille. (Peinture sur marbre.)

83. A. Raphaël Mengs. — Madeleine.

84. Gabriel Metzu. — Femme malade. (Bois.)

85. Le même. — Intérieur. La Femme aux huîtres.
86. Fr. Micris. — Son portrait avec sa femme. (Bois.)
87. Jean Miel. — L'Abreuvoir.
88. Mignard. — Sainte Famille, d'après Raphaël.
89. J. B. Mole. — Vénus et Adonis.
90. Murillo. — La Vierge et sainte Anne.
91. Nattier. — Portrait du czar Pierre 1er.
92. Pierre Neefs. — Deux tableaux. Intérieur d'église.
93. Le même. — Deux intérieurs d'église. (Fig. de Taunay.)
94. A. Van der Neer. — Paysage. Effet de neige.
95. C. F. Nuvolone, dit Pamphile. — Joseph et la femme de
    Putiphar.
96. A. Van Ostade. — Intérieur hollandais. (Cuivre.)
97. Isaac Ostade. — Chariot de poste à la porte d'une
    hôtellerie.
98. Le même. — Intérieur rustique.
99. Paul Potter [1]. — Prairie à l'entrée d'un bois. Tableau
    connu sous le nom de *la Vache qui pisse*. (Bois.)
100. Le même. — Série de quatorze tableaux (bois) repré-
    sentant les différents moyens qu'on emploie pour sub-
    juguer les animaux, la vengeance des animaux qui
    jugent l'homme et l'exécution du jugement.
101. Jules-César Procaccini. — Susanne et les vieillards.
102. Piazetta. — Jeune homme prenant des mesures sur un
    globe.
103. Pellegrini. — Orphée charmant les bêtes.
104. Rembrandt. — Descente de croix.
105. Le même. — Deux portraits cintrés du haut.
106. Le même. — Portrait d'homme. (Bois.)

[1] La Russie, on le sait, a acquis à l'amiable la fleur de la collection
de la Malmaison. De cette élite, achetée en bloc 800,000 francs, font
partie les chefs-d'œuvre de l'école flamande et hollandaise, les Paul
Potter, les Berghem, les Claude, le *Páris* et la *Danseuse* de Canova, etc.

107. Marc et Sébastien Ricci. — Deux paysages avec ermites.

108. Guido Reni, dit le Guide. — Repos de l'Amour.

109. Le même. — La Vierge de douleurs.

110. David Rickaert. — Intérieur, *le Ménage du savetier*.

111. Matteo Roselli. — Mariage de sainte Catherine.

112. P.-P. Rubens. — Saint Jean et l'Enfant Jésus.

113. Le même. — Descente de Croix. (Provenant du couvent des capucins de Laer, près Anvers.)

114. Le même. — Baigneuses surprises par un orage.

115. Salviousse. — Deux paysages d'architecture avec figures de J. Miel.

116. Raphaël. — Saint Georges ; saint Michel. Pendants. (Bois.)

117. Le même. — Sainte Famille. (Bois.)

118. Le même. — Crèche ou Visite des bergers. (Bois.)

119. André del Sarto. — Sainte Famille. (Bois).

120. Le même. — Sainte Famille. (Bois.)

121. Le même. — La Vierge, Jésus et saint Jean. (Bois.)

122. Jacques Stella. — Vierge et deux Enfants. (Peinture sur marbre noir.)

123. Le même. — Sainte Famille et saint François. Peinture sur marbre noir.)

124. Barth. Schidone. — L'Éducation de Jésus.

125. Gérard Seghers. — Intérieur de corps de garde. (Effet de lumière.)

126. César da Sesto. — Vierge et deux Enfants.

127. Bernard Strozzi, dit *le Capucino*. — Ivresse de Noé.

128. David Téniers. — Intérieur de corps de garde. (Bois.)

129. Le même. — Réunion des arquebusiers du Brabant à Anvers.

130. Le même. — Intérieur de cuisine. (Bois.)

131. Le même. — Saint Jérôme dans le désert. Pastiche de Rubens. (Bois.)

132. Le même. — Cuisine de singes. (Bois.)
133. Léonard de Vinci. — Sainte Marguerite. (Bois.)
134. Le même. — Vierge allaitant l'Enfant Jésus. (Bois.)
135. Le même. — Vierge et deux Enfants. (Bois.)
136. Le même. — Vierge. (Bois.)
137. Adrien Van der Verf. — Adam et Ève chassés du Paradis. (Bois.)
138. Le même. — Vierges sur des nuages. (Bois.)
139. Titien Vecelli. — Portrait de la reine Mathilde.
140. Pietro Vanucci, dit le Pérugin. — Sainte Catherine et sainte Apolline; sainte Barbe et sainte Luce. (Bois.)
141. Paul Véronèse. — Portrait de femme tenant un enfant.
142. Alexandre Véronèse, Turchi ou l'Orbetto. — Sainte en prison. (Peinture sur marbre noir.)
143. Pierino del Vaga. — L'Incertitude. Allégorie.
144. Carle Vanloo. — Le Pacha faisant peindre sa maîtresse.
145. Adrien Van de Velde. — Canal avec patineurs. (Bois.)
146. Claude-Joseph Vernet. — Paysage d'Italie, soleil couchant.
147. Joseph Wynants. — Vue d'un canal d'Amsterdam (fig. d'Eglon Van der Neer).
148. J.-B. Weninx. — Gibier sur une table.
149. Emmanuel de Witt. — Intérieur d'un temple protestant (fig. d'Adrien Van de Velde; bois).
150. Le même. — Église de Delft (fig. du vieux Weninx).
151. Philippe Wouwermans. — Repos de paysans auprès d'une charrette de foin. (Bois.)

ARTISTES MODERNES.

152. Bergeret. — Hommage rendu à Raphaël après sa mort.
153. Berré. — Lionne couchée avec ses lionceaux.
154. Baron Bacler d'Albe. — Pâris blessé implorant les secours d'OEnone. Paysage historique.

155. Madame Chaudet. — Jeune fille faisant un sacrifice à la Raison.

156. La même. — Jeune fille donnant à manger à des poussins[1].

157. Charlotte. — Corbeille de fleurs et fruits.

158. Demarne. — Procession de la Fête-Dieu dans un village. (Bois.)

159. Le même. — Foire de village; tombeau gothique au milieu du tableau. (Bois.)

160. Le même. — Chapelle à l'entrée d'une grande route. Paysage avec figures et animaux. (Bois.)

161. Le même. — Charlatan au milieu d'une foule sur la place d'un port de mer[2].

162. Ducis. — Quatre bustes d'enfants, portraits des jeunes princes. Tableaux ovales.

163. Dupéreux. — Vue de la vallée de Roncevaux et du tombeau de Roland. Bayard, en revenant de Pampelune, fait sa prière au pied du monument.

164. Le même. — Vue du château de Pau (fig. de Demarne). Après la bataille de Coutras, Henri IV revient à Pau et fait hommage à Catherine d'Albret, sa sœur (ou plutôt à Corisande d'Andouins), des drapeaux conquis.

165. Le même. — Vue de Bidassoa. Retour de François Ier en France.

166. Le même. — Vue des eaux de Bonnes (*sic*.)

167. Baron de Forbin. — Ossian chantant ses poëmes. Paysage.

168. Le même. — Procession de Pénitents gris.

169. Baron de Turpin. — Vue de Civita-Castellana. Ovale.

170. Le même. — Maison de Michel-Ange à Rome.

---

[1] Est actuellement dans la galerie.
[2] *Idem.*

171. Le même. — Petit pont à Tivoli.
172. Gérard. — Portrait de S. M. la reine de Naples (Caroline Murat).
173. Mademoiselle Gérard. — Clémence de S. M. l'Empereur et Roi.
174. Guérin. — Anacréon réchauffant l'Amour. (Bois.)
175. Gauthier. — Prise d'un fort en Piémont par l'armée française allant à Marengo.
176. Hersent. — Fénelon rend à un paysan sa vache enlevée par les ennemis[1].
177. F. Hue. — Marine; arrivée à Fréjus.
178. Imbert. — Fleurs et fruits.
179. Laurent. — Portrait en pied de S. M. l'impératrice Joséphine. (Bois.)
180. Le même. — Deux tableaux représentant Musicien et Musicienne sur appui de croisée[1]. (Bois.)
181. H. Le Comte. — Chevaliers faisant leur prière à la Vierge.
182. Madame Henriette Lormier. — Jeanne de Navarre et son fils au tombeau de son époux Jean V, duc de Bretagne.
183. Madame Millet de Caux. — Fleurs et fruits.
184. Mademoiselle Mayer. — Sommeil de Vénus; Flambeau de Vénus[2].
185. Mignard. — Portraits de deux Femmes accompagnées d'un Amour.
186. O'Meganck. — Deux tableaux représentant Prairies et animaux. (Bois.)
187. Le même. — Prairie et animaux[3]. (Bois.)

---

[1] Galerie actuelle.
[2] *Idem.*
[3] *Idem.*

188. Van Ost. — Fleurs et fruits.

189. Wen Peters. — Deux Lièvres mangeant des légumes.

190. Richard Fleuri. — La reine Blanche éloignant saint Louis de son épouse malade[1].

191. Le même. — Valentine de Milan.

192. Le même. — Les Adieux de Charles VII à Agnès Sorel[2]. (Bois.)

193. Le même. — L'église d'Ainay. Bayard, accompagné de son ami Balabre, consacre ses armes à la Vierge[3].

194. Le même. — Henri IV chez la belle Gabrielle. Le duc de Bellegarde, qui se trouvait auprès d'elle, se cache sous le lit ; le Roi, se doutant de sa présence, lui jette des confitures en disant : « Il faut que tout le monde vive. » (Bois.)

195. Le même. — Jacques Molay, grand maître des Templiers, marchant au supplice. (Bois.)

196. Le même. — François 1er[4]. Il montre à sa sœur, la reine de Navarre, les vers qu'il vient d'écrire sur une vitre avec son diamant :

> Souvent femme varie,
> Bien fol est qui s'y fie.

> (Gravé par Dunoyer.)

197. Regnault. — Portrait de S. M. l'impératrice Joséphine. Tableau ovale.

198. Taunay. — Deux tableaux : Sites d'Italie. L'un représentant S. M. l'Impératrice recevant un messager qui lui apporte la nouvelle d'une victoire. L'autre : transport de divers objets d'art présentés à S. M. l'Impératrice, qui fait distribuer de l'argent au peuple.

[1] Galerie actuelle.
[2] *Idem.*
[3] *Idem.*
[4] *Idem.*

199. Thibault. — Paysage représentant la fontaine de la nymphe Égérie.

200. Thienon. — Vue prise de la ville d'Est, à Tivoli.

201. Rigo. — Six portraits de Scheck (*sic*). (Toile.)

202. Rœhn. — Foire dans un village.

203. Vandaël. — Deux tableaux : Groupes de fleurs dans des corbeilles et des vases.

204. Le même. — Fruits groupés sur une table. (Bois.)

205. Le même. — Groupe de fleurs dans un vase d'albâtre. (Bois.)

206. Le même. — Grappe de raisin noir. (Peinture sur marbre blanc.)

207. Wafflord. — Le Chien de l'hospice du Mont-Saint-Bernard.

208. César Vanloo. — Auberge au pied des Alpes. (Effet de neige.)

209. Le même. — Deux Paysages. (Effets de neige et de clair de lune.)

210. Vermet. — Marie Stuart recevant son arrêt de mort.

211. Van Spandonck (Corneille). — Fleurs et fruits sur une table. (Bois.)

INCONNUS.

212. Incendie d'une ville.

213. Portrait équestre de S. M. l'Empereur.

214. Portrait du grand Frédéric.

Dans les *Émaux, Porcelaines, Miniatures* et *Dessins,* nous ne mentionnerons que les plus importants objets, et ceux surtout qui existent encore à la Malmaison :

215. Sweback Desfontaines. — Bataille de Marengo. Peinte sur porcelaine; ovale. Manufacture de Sèvres.

216. Le même. — Deux tableaux sur porcelaine de la manufacture de Sèvres représentant des Sultanes dans leur appartement, d'après Vanloo.

240. P. J. Redouté. — Tableau de fleurs. Vase d'albâtre posé sur un stylobate dans un jardin.

241. Le même. — Sept aquarelles sur papier blanc. Études de fleurs.

243. Isabey. — Portrait en pied de S. M. l'Empereur et Roi. Dessin au crayon noir sur papier blanc [1].

248. Denon. — Deux dessins au bistre : Batailles d'Aboukir et des Pyramides.

250. Nicole. — Six dessins coloriés : Vues des châteaux de la Malmaison, Saint-Cloud et Saint-Leu [2].

SUPPLÉMENT AU CATALOGUE DE 1811.

253. André del Sarto. — La Vierge, l'Enfant Jésus et saint Jean. (Bois.)

254. L'Albane. — Vénus et l'Amour.

255. Carlo Cittadini. — Deux tableaux, sujets de : Repos de sainte Famille en Égypte.

256. Jean Bellin. — Saint Antoine entre saint Roch et sainte Catherine. (Bois.)

257. Bonifazio. — Adoration des bergers.

258. Fra Bartolomeo. — Sainte Famille sous une arcade. Deux personnages votifs sont en adoration devant.

259. Carlo Bonone. — Les enfants de Jacob lui annoncent la nouvelle de la mort de Joseph.

260. Corrége. — La Vierge, l'Enfant Jésus, saint Jérôme et saint Antoine de Padoue.

261. Carrache (Annibal). — Polyphème et Galathée.

---

[1] Cabinet de l'impératrice Joséphine.
[2] *Idem*.

262. Carrache (Louis). — Flagellation du Christ. (Cuivre.)

263. Calvart (Denis). — Visite de la Vierge à sainte Anne.

264. Dolci (Carlino). — Saint Jean dans le désert. (Cuivre.)

265. Van Dyck. — Portraits de Charles Ier et de la Reine sa femme.

266. Le même. — Enfants de Charles Ier (Charles, Jacques et Marie).

267. Giorgione. — La Vierge et l'Enfant Jésus. (Bois.)

268. Garofalo. — La Cène, ou le Lavement des pieds. (Bois.)

269. Le même. — Repos de la sainte Famille.

270. Le Guide. — Sainte Famille et saint François adorant.

271. Van der Myn. — Deux portraits de femmes dans des paysages.

272. Pérugin (le). — La Vierge, l'Enfant Jésus, saint Joseph et saint Jean. (Bois.)

273. Le Parmesan. — Danse d'Amours dans un paysage. (Bois.)

274. Palma le vieux. — Sainte Famille. (Bois.)

275. Pesarese (le), Simon Cantarini. — Repos de sainte Famille.

276. Raphaël del Colle. — Mariage de sainte Catherine.

277. Rochus Marchonius. — Femme adultère.

278. Sébastien del Piombo. — Saint Augustin, saint Jean et saint André.

279. Swanevelt (Hernaut). — Deux paysages d'Italie.

280. Backuysen (Ludolph). — Port de Hollande.

281. Ruysdaël (Jacques). — Intérieur de forêt.

282. Le même. — Paysage avec une église.

283. Titien. — La Toilette de Vénus.

284. Le même. — La Vierge et l'Enfant Jésus avec saint Jean et saint Georges. (Bois.)

285. Le même. — Madeleine au désert.

286. Pierre de Cortone. — Réconciliation de Jacob et Laban.

287. Franc. del Cairo. — Charité.

288. Nic. Taunay. — Port de la Méditerranée. (Bois.)

289. Bidault. — Deux paysages d'Italie.

290. Paul Potter. — Chien de basse-cour près de sa niche.

291. Guerchin. — Vierge et Enfant Jésus.

292. Murillo. — Nativité.

293. Poussin (le). — Paysage avec Orphée et Eurydice.

294. Topfer. — Deux Vues de Suisse, avec figure de Pasteur et figure d'Ermite.

295. Taruffi (Emilio). — Repos en Égypte. (Bois.)

296. Albane. — Bacchus et Ariane dans l'île de Naxos. (Bois.)

297. Holbein. — Portrait de la Belle Laure. (Bois.)

298. Van Tol. — Deux enfants jouant avec une souricière. (Bois.)

299. Wouvermans. — Paysage, gravé sous le nom de la Ferme au colombier. (Bois.)

300. Weninx (J. B.). — Port de la Méditerranée.

301. Tiarini (Alexandre). — Saint Pierre et la Madeleine.

302. Van der Helst. — Famille hollandaise dans un parc.

303. Ribeira. — Saint Sébastien.

304. Guerchin. — Femme adultère.

305. Spada (Lionello). — Sainte Famille.

306. Ochtervelt. — Intérieur hollandais. (Bois.)

307. David. — Les Enfants de Brutus après l'exécution.

308. Kobel. — Prairie et animaux.

309. Coglinianensis (J. B.). — Sainte Famille. (Bois.)

310. Schidone. — Diane et Actéon.

311. Le même. — Repos de l'Amour.

312. Ribalta (F.). — Deux tableaux : Triomphe de Neptune ; Triomphe de l'Amour.

313. Poelemburgh. — Paysage avec baigneuse. (Bois.)

314. P. P. Prudhon. — Les Quatre Saisons.

315. Guaspre (le). — Paysage d'Italie.

316. Gérard Terburg. — Intérieur hollandais.

317. N. Maas. — Intérieur hollandais. (Bois.)
318. Van de Velde. — Marine.
319. Murillo. — Ange gardien.
320. P. Véronèse. — Famille vénitienne.
321. Duclos. — Manége et Diligences.

IV.

Nous extrayons du *Magasin encyclopédique* et du RECUEIL DE DÉCORATIONS INTÉRIEURES, *comprenant tout ce qui a rapport à l'ameublement*, etc., composé par C. Percier et P. T. L. Fontaine, exécuté sur leurs dessins. — Paris, in-fol., Jules Didot, 1807, quelques détails intéressants sur la bibliothèque, le salon et la serre de la Malmaison.

Vue et détails du plafond de la bibliothèque du Premier Consul à la Malmaison [1].

La disposition de l'emplacement qui avait été choisi pour faire cette bibliothèque a nécessité sa division en trois parties, et a motivé l'ordonnance des colonnes doriques à jour, qui supportent les arcs formant pignons. Au milieu des deux portions de cercle qui terminent la pile, au levant et au couchant, on trouve d'un côté une porte croisée

[1] Planches XLI, XLII. (Explication p. 33.)

ayant son issue sur l'avenue du jardin, et de l'autre une cheminée avec une glace sans tain, donnant sur la campagne. Le sujet principal du plafond représente Apollon et Minerve. Les têtes offrent les portraits des plus célèbres auteurs anciens, et les noms de ceux dont les ouvrages servent de modèles remplissent avec des entourages de lauriers les autres parties des voûtes.

Vue et détails d'un salon exécuté au château de la Malmaison [1].

Le Premier Consul avait demandé une salle de conseil. Il fallait que la disposition et la décoration en fussent achevées en dix jours de travail, parce qu'on ne voulut pas interrompre les fréquents voyages qu'il avait coutume d'y faire; en conséquence, il parut convenable d'adopter pour ce sujet la forme d'une tente soutenue par des piques, des faisceaux et des enseignes, entre lesquels sont suspendus des groupes d'armes, qui rappellent celles des peuples guerriers les plus célèbres du globe.

Malmaison s'embellit tous les jours; on y remarque maintenant la serre chaude que S. M. l'Impé-

[1] Planche LV. (Explication p. 39.)

ratrice y fait construire ; ce monument élevé à l'histoire naturelle n'est pas encore totalement terminé, mais il est assez avancé pour que l'on en puisse admirer la belle et simple ordonnance. Il est construit d'après les dessins de MM. Thibault et Barthélemy Vignon, artistes dont le talent est connu de tout le monde.

Il existe à Malmaison une multitude d'animaux de la plus grande rareté. Les lamas mâle et femelle qui y ont été amenés il y a deux ans ont produit cette année un petit, très-vigoureux et très-bien portant. Cela donne à penser que si l'on parvenait à introduire chez nous la vigogne, elle y multiplierait aussi, puisque c'est un animal qui diffère très-peu du lama.

S. M. l'Impératrice désirant que ses riches collections de plantes et d'animaux servent à l'avancement des sciences, a ordonné que Malmaison serait ouvert aux membres de l'Institut et aux administrateurs du Musée d'histoire naturelle. Les autres personnes, si l'on en excepte cependant les sénateurs, les ministres, ou les personnes qui ont des charges à la cour, ne peuvent y entrer sans ordre particulier, ou sans un billet de l'intendant du domaine [1].

[1] *Magasin encyclopédique,* mai-juin 1805, t. III, p. 445.

ERRATA ET RECTIFICATIONS.

P. 25. La Malmaison n'a jamais été un bien national, dont,
ainsi qu'il l'a dit plus tard, Napoléon n'eût voulu à aucun prix, ni n'a pas été acquise de M. Le Couteulx de
Canteleu, comme on pourrait l'inférer d'un passage demeuré ambigu par suite de l'incertitude où nous laissait
l'absence de documents qui sont venus depuis lever
tous nos doutes. (Voir aux *Pièces justificatives* la
lettre adressée par M. Chanour à madame Bonaparte,
page 240.)

P. 70 et 74. Ventenat, dont un *Éloge,* de Cuvier, perpétuera
autant que ses travaux la gloire modeste, n'avait du
patriarche que la simplicité et la bonté. Car il était de
beaucoup le plus jeune de ses collègues de l'Institut,
MM. de Jussieu, La Marck et Desfontaines, au milieu
desquels il s'était assis en 1796, à peine âgé de trente-
huit ans. Il est mort prématurément le 13 août 1808,
à peine âgé de cinquante-deux ans.

P. 83. Madame de Broc, que nous avons fait mourir précocement, ensevelie dans un abîme des Pyrénées, périt
aux environs d'Aix, en Savoie, près de la cascade de
Grésy, le 10 juin 1813, ainsi que le rappelle l'inscription de son tombeau à Saint-Leu.

P. 141. Enfin, c'est par erreur qu'il a été dit que le château
et le parc de la Malmaison avaient été vendus, au
prix de 500,000 francs, par la succession de M. Ha-
german à S. M. la reine d'Espagne Marie-Christine.
Cette vente a été faite le 7 mai 1842, à l'audience des
criées du tribunal civil de la Seine, pour le prix de
254,000 francs.

TABLE DES MATIÈRES.

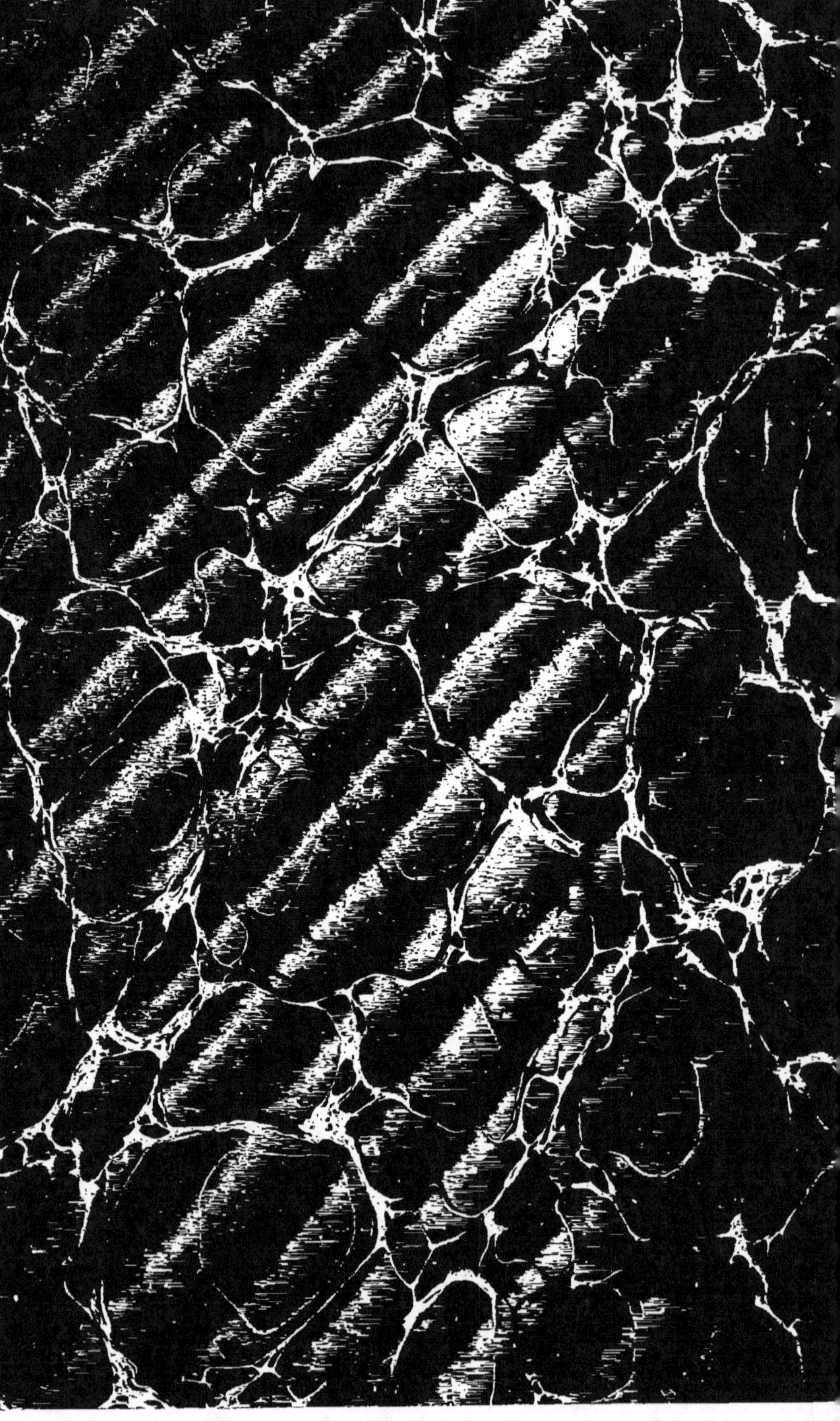

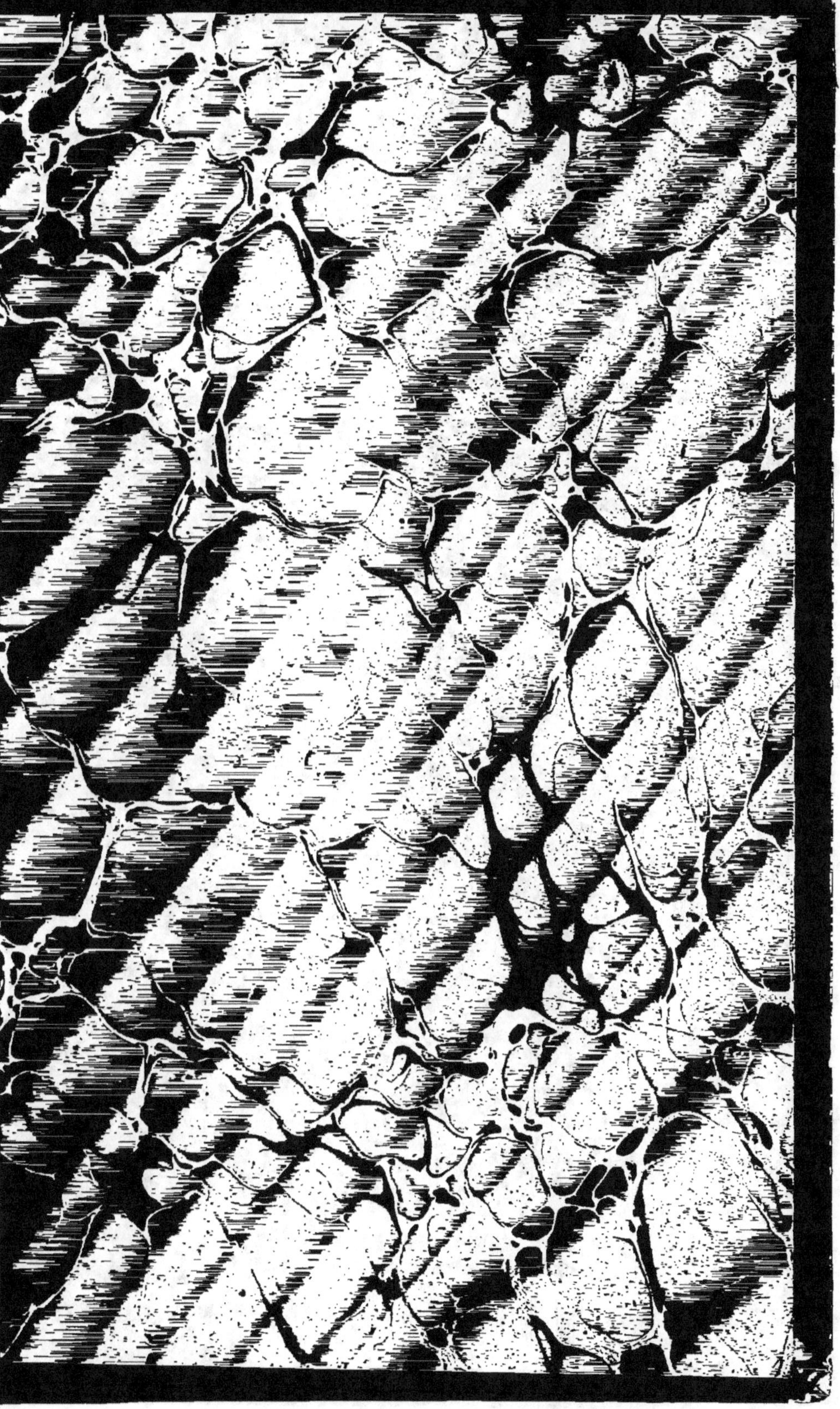